中公新書 1816

岡田暁生著

西洋音楽史

昏

刊

まえがき

俗にいう「クラシック音楽」は、この本で扱う「西洋芸術音楽」と、必ずしも同じものではない。西洋芸術音楽は一〇〇〇年以上の歴史をもつが、私たちが普段慣れ親しんでいるクラシックは、一八世紀（バロック後期）から二〇世紀初頭までのたかだか二〇〇年間の音楽にすぎない。西洋音楽の歴史を川の流れに喩えるなら、クラシック音楽はせいぜいその河口付近にすぎない。確かにクラシックの二〇〇年は、西洋音楽史という川が最も美しく壮大な風景を繰り広げてくれた時代、川幅が最も大きくなり、最も威容に満ちた時代ではある。だが、この川はいったいどこからやってきたのか。そしてどこへ流れて行くのか。

西洋音楽の歴史が堂々たる大河の風格を見せるようになりはじめるよりも前、その上流に当たるのが、いわゆる「古楽」の時代である。実際の川と同じく、その支流や源流についてはは分かっていないことも多い。トーマス・マンの『ヨセフとその兄弟』の序文冒頭を借りれば、「過去という井戸は深い、底なしの井戸と呼んでもいい」ということになるだろう。しかし今日、西洋音楽はもはや川ではない。私たちが今いるのは、「現代」という混沌とした海だ。そこでは、まったく異なる地域的・社会的・歴史的な出自をもつ、世界中のありとあらゆる音楽が、互いに混ざり合ってさまざまな海流をなし、これらの海流はめまぐるしくその方向と力学関係を変化させつつ、今に至っている。この「世界音楽」という海に大量の水を供給してきたのが、西洋音楽という大河であることは間違いないにしろ、川としての西洋音楽史の輪郭は、かつてのような明瞭な形ではもはや見定め難くなっている……。

本書の目的は、西洋芸術音楽の歴史をこうした川の物語として語ることにある。単に音楽史上の重要な人物名や作品や用語などを、時代順に洩れなく列挙したりすることは、私の意図するところではない。この本の主役は、西洋音楽の「歴史」であって、個々の作曲家や作品ではない。ごく一般的な読者を想定して、可能な限り一気に読み通せる音楽史を目指し、専門用語などの細部には極力立ち入らない。そして何より、中世から現代に至る歴史を、「私」という一人称で語ることを恐れない（多くの音楽史の本は、「正しいこと」を「客観的に」語ろうとするあまり、結局ストーリーの推進力を失っているように、私には思える）。本書の執筆方針を端的にいえば、以上のようになるだろう。

＊　＊　＊

まえがき

私は今、「ごく一般的な読者を想定して」と述べた。そしておそらく、この本を手にとってくださる方々の多くは、いわゆる「クラシック音楽」にある程度なじみのある読者であろう。「第二次大戦以後の音楽には詳しいが、モーツァルトは耳にしたこともない」とか、「鑑賞するのはもっぱらアルス・ノヴァからモンテヴェルディまでで、一九世紀の作曲家はチンプンカンプン」などという人は、いたとしてもかなりの少数派だろう。多くの読者にとって一番近い感覚がもてるのは、バッハからマーラーやドビュッシーあたりまでの音楽のはずである。この前提から、本書のもう一つの方針が出てくる。それはつまり、語り口に歴史的な遠近感をもたせるということである。具体的にいえば、あたかも読者が、ベートーヴェンに対してもテレマンに対してもマショーに対しても、等しく予備知識をもっているような（もっていなければならないような）書き方をしないということだ。

読者の歴史に対する予備知識の濃淡に配慮するということは、決して単なる啓蒙的方便（「皆さんがあまり知らないところは平易に語りましょう、ある程度知っておられるところでは専門的な事柄もまじえましょう」という前提に立つこと）ではない。これは西洋音楽史のありようの本質に関わる事柄である。実は「クラシック音楽」とは、何を隠そう、日本から見れば地球の裏側の一〇〇年以上前の音楽である。だが読者の大半にとってのクラシックは、それが歴史上の音楽だということを忘れるくらいに、身近なもののはずである。居酒屋で演歌を耳にし、カラオケで歌謡曲を歌う時と同じ自明さでもって、私たちはマリア・カラスの歌う「清き女神」のCDを聴き、ピアノの発表会のためにショパンを練習している。日本でいえばそれらが江戸時代の音楽だなどとは、私たちはつゆほども意識しない。

しかしながら、もしレストランのBGMでノートルダム楽派のオルガヌムが流れてきたら、ピアノの先生から一六世紀イギリスのヴァージナル音楽を課題に与えられたら、あるいはバーのピアニストがシェーンベルクの《六つのピアノ小品》作品一九を弾きはじめたとしたら……。突如として自明性は軋《きし》みをあげて崩壊し、そこには「歴史的距離」という亀裂が走るはずだ。これらの「古楽」や「現代音楽」は、別世界から闖入《ちんにゅう》してきた音楽、私たちが今いる環境の中で鳴るということが決して自明ではない音楽、つまり歴史という迂回路を通って初めて、少しは理解できるようになるかもしれない類の音楽である。

すでに「古楽」／「クラシック」／「現代音楽（欧米では新音楽というが）」という時代区分が、音楽史への私たちの眼差しの遠近感を、暗黙のうちに語っている。つまり「古楽」および「現代音楽」は「古い／新しい」という時間軸のカテゴリーであるのに対して、「クラシック」にはこうした歴史性の含蓄は含まれていないのである。ドレミの音階や「ドミソ」とか「シレソ」の和音といった音システム、ヴァイオリンやフルートや鍵盤楽器といった楽器、演奏会や楽譜出版という制度など、今日における音楽のありようのほとんどは、一八世紀から二〇世紀初頭にかけてのクラシックの時代に形成された。今日なおこれらは、大半の人々にとって、何の説明も必要としない「自明」であり続けている。それに対して古楽は「クラシックよりも前（クラシックが形成されていった過程）」の、そして現代音楽は「クラシックよりも後（クラシックが崩壊していった過程）」の音楽、つまり歴史的音楽なのだ。「古楽と現代音楽は大なり小なり歴史的距離のある音楽だが、クラシックは私たちが今その中で生きている音楽環境の自明の一部である」——好むと好まざるとにかかわらず、私たちはこういう音楽制度の中に生きている（あるいは生きさせられている）のであって、両者の間では必然的に語り口が違ってこなければならないのである。

＊　＊　＊

しからば音楽史の各時代へ向ける目の焦点距離を、いったいどのようなやり方で微調整するか。具体的にいえば私は、「クラシックの時代」を語る場合にはその歴史化を、逆に「古楽／現代音楽の時代」を語る場合にはそのアクチュアル化を図りたいと思う。クラシックはできるだけ突き放して徹頭徹尾「歴史上の産物」として眺め、それが「なぜ／どこから生まれ、どこへ／どうして流れ去ったか」を考えたい。歴史的文脈に置くことで「異化する」といってもいい。一度その自明性を疑ってみたい。いずれにせよ、クラシックの「大作曲家」

(バッハ、モーツァルト、ベートーヴェン、シューベルト、ワーグナー、ブラームス、マーラー等々)の「時代を超越した」偉大さや不滅性とやらを称揚するといったことは、私が一番行ないたくないことである。

それに対して古楽/現代音楽の場合、なるべくそれらを、私たちにとって最もなじみのある「クラシックの時代」と関連づけるというアプローチをしたい。「中世」だとか「第二次大戦後」といったエポックを、それ自体で独立完結した音楽史の一チャプターとして眺めるのではなく、それらが「なぜ/どのようにしてクラシックの時代へ流れて行ったのか」、あるいは「なぜ/どうやってクラシックの時代からここへ流れてきたのか」に思いを巡らせたい。それによって、これらの音楽が私たちにとって決して無関係ではないことを、少しでも読者に実感してほしいのである。

この意味で本書は、徹頭徹尾「クラシックの時代」をハイライトとする西洋音楽史である。どの時代についても万遍なく知識を与え、それらのすべてに読者が等しく通暁することを、本書は目的としてはいない。私自身、一八世紀から二〇世紀初頭に至る「クラシックの時代」こそ、西洋音楽が最も輝かしかったエポックであったと確信しているし、こうした自分の音楽史観のバイアスをあえて隠すつもりもない。たとえば読者が、熱狂的なロマン派音楽のファンであり、初期バロックはいうまでもなく、バッハですらあまりピンと来ず、現代音楽に至ってはどれも似たり寄ったりに聴こえてしまうといった方であるとしよう（実は私にも多分にこの傾向がある）。それでも、その人の音楽的嗜好の偏りを是正しようなどということを、私は毛頭考えていない。

ただ一つ、本書を通して私が読者に伝えたいと思うのは、音楽を歴史的に聴く楽しみである。「クラシック音楽」の世界とは、「自分が好きな曲」「感動した曲」「よく分からない曲」「聴いてみたい曲」「あまり興味のない曲」などが、単にヴァイキング形式のレストランよろしくずらりと並べられている非歴史的な空間ではない。「このような音楽はどこから生まれてきたのか」、「それはいったいどんな問題を提起していたのか」、「こういう音楽を生み出した時代は、歴史の中のどの地点にあるのか」、「そこから何が生じてきたのか」。こういうことを考えることで、音楽を聴く歓びのまったく新しい次元が生まれてくる、そのことを伝えたいのである。

＊　＊　＊

おそらくこのような意味で本書は、「音楽史」である以上に、「音楽の聴き方」についてのガイドであるといえるかもしれない。これは私が確信するところなのであるが、どんな音楽にも必ず、「適切な聴き方」というものがある。聴き手の適切な感情の構え、適切な姿勢、適切な上演の場……。どんなに素晴らしい音楽も、場違いなところで聴けば台無しだ。尺八はコンサート・ホールで聴くものではないし、モダン・ジャズを早朝に聴いても気分が出ない。ミサ曲をバーで聴くなどもってのほかだし、グレゴリオ聖歌を学校の味気ない視聴覚室で聴かせても何の共感も得られまい。このように書くと何やら時代遅れのモダニスト呼ばわりされそうだが、別段私は、道徳的な意味でこのようにいうのではない。レクイエムをトイレで聴くのは冒瀆だなどといいたいのではない。「本場が一番」的なスノビズムとも一線を画したい。ただ私は、これまでの経験から、「場違い」だとどうしても音楽から得られる歓びが減じられてしまうという、いたってエピキュリアン的な動機から、このことがいいたいだけである。「いつどこでどう聴いてもいい音楽」などというものは存在しないのであって、「音楽」と「音楽の聴き方」は常にセットなのだ。

「ある音楽をいくら聴いてもチンプンカンプンだ」という場合、ほとんど間違いなくその原因は、この「場違い」にあると、断言できる。私たちの聴き方が、近代のクラシック音楽のそれによってあまりに強くバイアスをかけられているせいで、多くの音楽が何かしら遠いもの、つまり歴史上の音楽に聴こえてしまうのだ。本書がしばしば――時として音楽そのものについて以上に――音楽の文化史的なバックグラウンドに言及するとすれば、それは「どんな人が、どんな気持ちで、どんな場所で、どんなふうに、その音楽を聴いていたか」を、可能な限り活写したいという気持ちからである。本書で見るように西洋音楽は、楽譜や録音といった、音楽をいつでもどこでも可能な限り正確に再生できるメディアを、高度に発展させてきた。ややもすると人々は、東京で聴こうがウィーンで聴こうがナポリで聴こうが、ベートーヴェンの《エロイカ》はいつも《エロイカ》だと思いがちである。だが私自身は、たとえ西洋音楽といえども、それはあくまで深く「場」に根差した音楽、つまり徹頭徹尾「民族音楽」であると確信している。たとえそれが「世界最強の民族音楽」であるとしても。

もし読者の方々が、この本を一種の「ヨーロッパ観光ガイド」として活用してくだされば、とても幸いである。パリに行けばノートルダム楽派とショパンとドビュッシーを、ヴェネツィアに行けばモンテヴェルディとヴィヴァルディを、ドイツのチューリンゲン地方の辺鄙《へんぴ》な街に行った時はバッハを思い出してくだされば、そしてそれらの個々の体験の背後に何らかの「西洋音楽の歴史」という文化の連関を見出してくだされば、それだけで私の本望だ。しかし何より、「クラシック」などにはあまり興味がなく、どちらかといえば知的な興味からこの本を手にとってくださった方が、ここで語られる西洋音楽史は「今ここ」に生きている私たちと決して無関係ではなく、それどころかどこかで深くつながっていると感じてくださるならば、つまり地球の裏側の一〇〇年以上前の音楽が今なお保持し続けているアクチュアリティーを何かしら体感してくださったとしたら、それは本当に望外の喜びである。

目次

西洋音楽史

第一章　謎めいた中世音楽

芸術音楽とは何か？

本書は「西洋芸術音楽の」歴史である。いうまでもなく西洋にも、芸術音楽以外の多くの音楽（民族音楽の類）が存在していた。だがわれわれがここで辿《たど》るのは、俗に「クラシック」と呼ばれている芸術音楽のルーツだ。しからば芸術音楽とはいったい何なのか？　歴史に入るより前に、まずはこの対象を規定することから始めよう。最初に私が強調しておきたいのは、本書で「芸術音楽」という時、それは断じて「質」――「芸術音楽＝高級な音楽＝西洋クラシック」といった――の問題を指しているのではないということである。むしろ芸術音楽とは、数ある音楽の「ありよう」（祭りや宗教で使われる音楽、映画音楽やコマーシャル・ソング、ダンス・ミュージックや軍楽等々）の中の、一モードにすぎない。「芸術音楽とは芸術として意図された音楽のことだ」と、とりあえずはいっておこう。つまり芸術として意図された音楽の中にもくだらないものはいくらでもあるし、芸術を意図していない音楽の中にも秀でたものは多いということである。

しからば「芸術」としての音楽のありようとはいったい何なのか？　端的にいえばそれは、「楽譜として設計された音楽」のことである。「設計＝構成されるコンポジションとしての音楽」が芸術音楽だと考えれば、まずは民謡や民族音楽がそこから除かれる。それらは後から採譜されることはあっても、もとから「書かれた＝設計された音楽」であったわけではない。ジャズのように即興性が高いものも同様だ。ポピュラー音楽もまた、しばしば楽譜に「書き起こされる」ことはあるにしても、ベートーヴェンやマーラーの交響曲のように隅々まで前もって楽譜上で設計される音楽だとはいえない。ギター片手にボロンボロンと音を探るのではなく、紙の上で音の設計図を組み立てるという知的な性格を強く帯びているのが、芸術音楽である。どこか門外漢には容易に近づき難いという印象を与えるのも、民謡などに比べてはるかに複雑で大規模な楽曲を作ることが可能になるのも、すべて芸術音楽のこの「書かれたもの《エクリチュール》」的性格によるものである。

ここで思い出しておいてほしいのは、そもそも近代以前において紙は大変高価な品であり、しかも「字が読める」のは貴族や聖職者（学者）や一部の商人といったエリート層だけであって、人々の識字率は今では考えられないくらい低かったという事実である。芸術音楽を「音の文字＝楽譜《エクリチュール》で書かれる音楽」と考えれば、ここからその第二の定義が出てくる。つまり芸術音楽は、主として西洋社会の知的エリート（紙を所有し字が読める階級）によって支えられてきた音楽のことなのだ。芸術音楽が民衆の音楽であったことは、かつて一度もなかったとさえいっていいかもしれない。二〇世紀以後の録音メディアの発達のおかげで、今では誰でも（楽譜が読めない人でも）ギター片手に歌を歌い、自分の音楽をMDなどで自由に記録することができる。だが録音が存在しなかった時代にあって、記録することが可能だったのは、「書かれた音楽」だけだった。おそらくかつても無数の素晴らしい楽譜の読めない辻音楽師がいたはずである。だが彼らの音楽は跡形もなく消えてしまった。紙（楽譜）というメディアをもっていた人々だけが、自分たちの音楽を後世に残すことができたのである（図Ｉ－１）。本書で辿るのは、楽譜として残された知的エリート階級の音楽の歴史である。

Ｉ－１　聖書を書き写す修道士を描いた細密画。中世において「書かれたもの」とは「聖なるもの」であり、「神の言葉」であった。楽譜に書かれる音楽も例外ではなかっただろう。

芸術音楽といえば、どうしても「普遍・不滅・偉大」といったイメージがつきまとう。もちろん私とて、この連想を全面否定しようとは思わない。私もまたベートーヴェンやマーラーの交響曲は偉大で普遍で不滅だと信じたい。いや、そう信じて疑わない。だが他方で、西洋芸術音楽が放つこうしたオーラが、多分に「書かれる」というその特殊な性格によって演出されたものであることも、忘れてはならないだろう。楽譜として記録するからこそ、別の土地へ運んで再現することも（普遍）、それを後世に残すことも（不滅）できる。そして楽譜という設計図があるからこそ、楽譜をもたない音楽に比べ、格段に大規模で複雑（偉大）な音楽を組み立てることができるのだ。

大航海時代以来、とりわけ一九世紀において、西洋芸術音楽は世界中に伝播《でんぱ》して、至るところで現地の伝統的な音楽を駆逐し、世界中の音楽を西洋化していった。史上最強の音楽世界帝国を築きあげたというわけである。もちろん今日では、西洋芸術音楽にかつての力はない。現代はアメリカ主導のポピュラー音楽帝国の時代である。それでも今なおわれわれは、音楽には楽譜があり、楽譜とは五線譜のことで、楽器といえばピアノやヴァイオリンやフルートやサックス（せいぜいドラムやギター）、音階はドレミファ、和音はドミソやシレソと信じて疑わない。そしてこれらはすべて、この西洋芸術音楽帝国が築きあげたシステムなのである。この章で扱うのは西洋音楽帝国の前史——それがまだ世界の数ある民族音楽のうちの一つにすぎなかった時代――である。

初めにグレゴリオ聖歌ありき

この西洋音楽史の最も重要な水源の一つが、いわゆるグレゴリオ聖歌である。この章で述べるように、中世の芸術音楽史はほとんどもっぱらグレゴリオ聖歌を軸にして発展していった。そしてそこからルネサンスの、さらにはバロックの音楽が生まれてきたわけだから、グレゴリオ聖歌こそ後の西洋音楽に直接つながっていく、その最古のルーツだといっていいだろう。グレゴリオ聖歌は日本で以前（一種の「ヒーリング・ミュージック」として）爆発的にCDが売れたことがあるし、有名な「怒りの日」の旋律はベルリオーズの《幻想交響曲》やサン＝サーンスの《死の舞踏》でも引用されるので、多くの人がどこかで耳にしているはずだが、ここで一応それを簡単に定義しておこう。グレゴリオ聖歌とは「単旋律によって歌われる、ローマ・カトリック教会の、ラテン語による聖歌」のことである（グレゴリオ聖歌はグレゴリウス一世〔在位五九〇―六〇四年〕が作ったとされているが、これはもちろん伝説である）。

聖歌が生まれた中世は、現代のわれわれには想像もつかない世界だった。異端審問と火あぶり、巡礼と托鉢《たくはつ》僧の行列、数々の災害と天変地異、悪魔の憑依《ひょうい》、血を流すマリア像といった奇跡の数々……。人々は絶えず神の怒りに恐れおののいていた。映画『エクソシスト』のような世界を、彼らは本当に生きていたのだ。そんな時代にあって、ひんやりした修道院の中で絶えずこだましていたのが、修道士たちが歌う聖歌だったはずである。歌とも呪文ともつかない、その空中を漂うような不思議な響きが、当時の人々にどのように聴こえたか、想像に難くない。それはまさに「神の言葉」ないし「神の世界で鳴り響く音楽」として響いたはずである（ウンベルト・エーコ原作の映画『薔薇の名前』には、僧侶たちがグレゴリオ聖歌を唱える場面が出てきて、中世の修道院世界を体感するには格好である）。

ただし忘れてはならないのは、グレゴリオ聖歌は確かに芸術音楽のルーツではあるが、それ自体はまだ芸術音楽（楽譜として設計され、組み立てられる音楽）ではないということだ。もともとグレゴリオ聖歌は民謡のように口頭伝承される音楽であり、記譜される音楽として考案されたものではなかったし、しかも日本の声明《しょうみょう》にも似た一種の呪文、つまり言葉とも歌（音楽）ともつかない存在であって、これを近代的な意味での「音楽」と言い切ることはためらわれる。そして何よりグレゴリオ聖歌は単旋律である。西洋芸術音楽の最大の特徴が、音を「建物のように」組み立てること、つまり音と音とを厳格に設計しながら積み重ねていくことにあるとすれば、この特質を聖歌はまだもっていない。西洋に「楽譜として設計する音楽」が初めて現れるのは九世紀、グレゴリオ聖歌を母胎として生まれたオルガヌムというジャンルにおいてである。その意味でグレゴリオ聖歌は、本来の芸術音楽史へのアウフタクト（前拍）であった。

西洋世界の成立について

ここで音楽史から離れ、「西洋世界の成立」ということについて少し説明しておきたい。「西洋史」と題された本はしばしば、その歴史を古代ギリシャ・ローマの時代からはじめる。もちろんギリシャ・ローマ文明が後の西洋文化の母胎になったのは確かだろうし、音楽史にしても、とりわけ思想面で、古代ギリシャの影響を強く受けてはいる。だが同時に、古代ギリシャ・ローマ文明と後の西洋世界との間に深い断絶があることも、忘れてはなるまい。つまり古代ギリシャ・ローマ文化はゲルマン人の侵入によって一度解体されたのであって（西ローマ帝国の滅亡が四七六年である）、その後は諸民族が入り乱れ、しばらくは混沌とした時代が続いた。ヨーロッパが再び統一的な文化圏を形成するようになる（つまりヨーロッパがヨーロッパになる）のは、カール大帝（八〇〇年戴冠）のフランク王国以後のことである。

カール大帝が統一したのは、今のイタリア北部とドイツおよびフランスのほぼ全域だった。つまり地域的にもそれは、アフリカ北部やイスラエルあたりまでを包含する環地中海文化圏であったローマ帝国と、相当に異なっていた。むしろ現代のEUの原型となったのが、カール大帝のフランク王国だったというべきだろう。彼はさまざまな法制を整備し、支配地域のキリスト教化を進め、学者や芸術家を宮廷に招いて文化振興に尽くした。そして後の西洋独得の「書く音楽文化」の萌芽も、ここから生まれてきた。つまり芸術音楽のはじまりは、時代的にほぼ西洋世界の成立と一致しており、そしてこの西洋世界とはイタリア・フランス・ドイツの文化トライアングルのことだったのである。

ここから西洋芸術音楽についての重要な地域的定義が出てくる。つまり「芸術音楽」とは、イタリア・フランス・ドイツを中心に発展してきた音楽なのである。ロシアなどはいうまでもなく、中央ヨーロッパ文化圏から外れるイギリスなども、芸術音楽の歴史全体の中では、あくまで辺境にとどまり続けた。この「アングロサクソンは西洋芸術音楽の主流ではなかった」という点はとても大事で、実際イギリスからはなぜか「大作曲家」がほとんど現れなかったこと（せいぜいパーセルとエルガーとブリテンくらいか？）は瞠目《どうもく》に値する。対するに現代のポピュラー音楽帝国がアングロサクソン主導であることも興味深い。「西洋音楽史」の実体とは「伊仏独芸術音楽史」（EU音楽史とすらいえるかもしれない）に他ならないのである。

ここでもう一度「西洋芸術音楽」の定義を簡単にまとめておこう。それは「知的エリート階級（聖職者ならびに貴族）によって支えられ」、「主としてイタリア・フランス・ドイツを中心に発達した」、「紙に書かれ設計される」音楽文化のことである。

『ムジカ・エンキリアディス』——前へ進みはじめた歴史

八〇〇年前後のフランク王国の成立とほぼ時を同じくして、音楽史には際立った出来事が次々に起こりはじめる。さまざまな革新がなされるようになる。つまり「歴史」が前へ進みはじめるのである。まずグレゴリオ聖歌が紙に書かれるようになる。そこには、ローマにおける聖歌の歌い方をできるだけ正確にフランク王国の領土内に広めようとする、政治的意図があったことは間違いない。ただ当時のネウマと呼ばれる楽譜は、後の五線譜とはまったく異なっていて、歌詞のとなりに節回し（「コブシ」といった方がいいかもしれないが）をあらわす、ミミズが這《は》ったようなさまざまな記号をつけるものだった（図I-2）。つまりネウマには、後の楽譜のような「音の客観的な設計

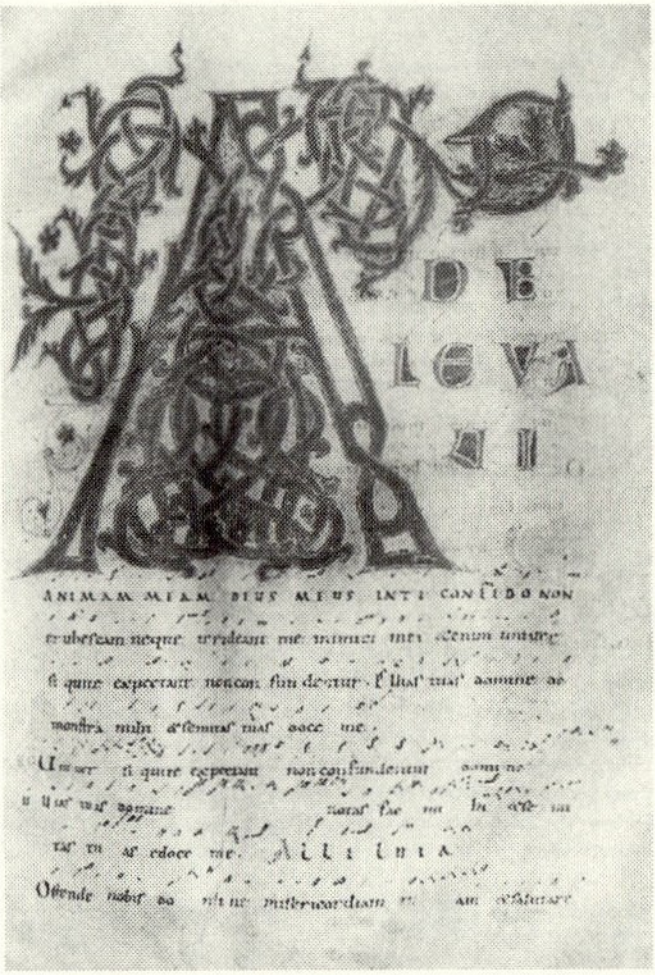

I-2　11世紀にスイスのザンクト・ガレン修道院で作られたネウマ。歌詞の上に記されたさまざまな線が節回しを示している。

図」という性格はまだなく、いわば備忘録的な役割を超えるものではなかったわけだが、紙に書くことでできるだけ正確に音楽を後世に残そうというエヴァンゲリスト（福音宣教者）的な意志（これは後々の西洋音楽史を貫くライトモチーフである）がこの頃から現れてきたということは、しっかり記憶しておくべきであろう。

　この九世紀の音楽史における最も重要な事件は、『ムジカ・エンキリアディス』（九世紀半ば）という理論書である。ここには図のような「譜例」が示されている（図I－3）。少しずつ間隔を変化させながら、並行して動いていく二つの線が記されていることが分かるはずだ。上の線はグレゴリオ聖歌を、下の線は新しくつけ加えられた対旋律（オルガヌム声部）を示している。つまり人々は、聖歌をただ単旋律で歌うだけでは徐々に物足りなくなり、もう一つの旋律をそこに重ねて歌うようになったのである。これまでたった一本の横の流れしか知らなかった単旋律の音楽思考に、

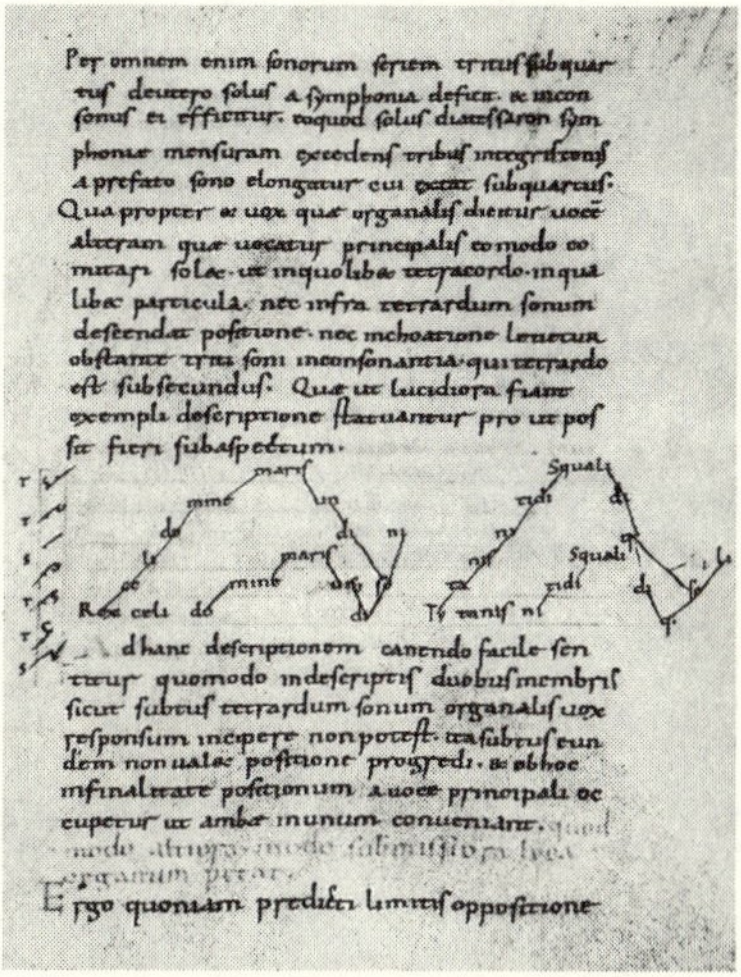

I－3　『ムジカ・エンキリアディス』に出てくる楽譜。今日の五線譜の遠いルーツであり、二声のオルガヌムの歌い方が記されている。

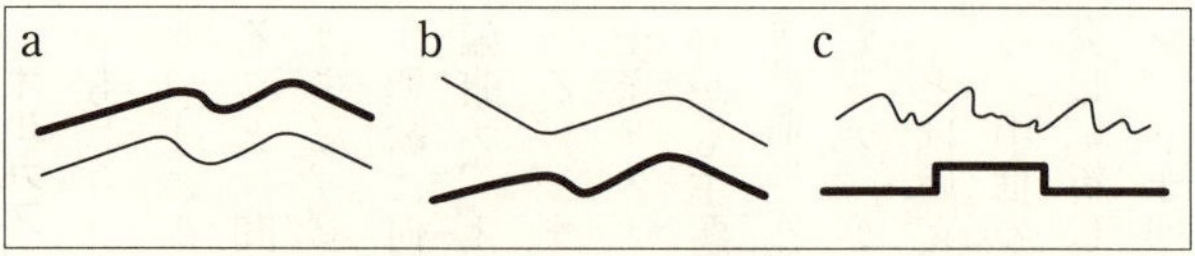

Ⅰ－４　**ａ：聖歌の下に四度ないし五度間隔で並行に動く声部**（オルガヌム声部）**が付け加えられている。ｂ：オルガヌム声部の方が上になり、しばしば聖歌とは反対方向に動くようになる。ｃ：引き延ばされた聖歌の上に細かい装飾的な声部が置かれる**（メリスマ・オルガヌム）。

縦の次元が加わったわけである（図Ⅰ－４ａ）。このようにグレゴリオ聖歌に新しい別の声部をつけ加え、それと重ねて歌うジャンルを、「オルガヌム」と呼ぶ。オルガヌムは中世音楽史の前半の中心的ジャンルだった。

もちろんここにあるのはまだ、ごく慎ましい、わずか二本の旋律の流れだけである。しかも新しくつけ加えられた声部は、たいがいは四度ないし五度の間隔で、グレゴリオ聖歌の声部の影法師のように並行して動くのみ。たとえばバッハの《二声のインヴェンション》のような、凝った二つの旋律の絡み合いは、ここにはない。だがここで初めて、西洋の音楽思考の中に「垂直」の次元が誕生した。何十もの声部を複雑にかみ合わせて作る、後のマーラーやシェーンベルクのような音楽へ向けた発展の、最初の一歩がここに記されたのである。後のすべてが、この最初の一歩から生まれてきたといっても過言ではないだろう。

オルガヌム芸術の展開

もし今日、ヒットした歌謡曲の和声進行をそのまま流用したり、あるいは同じ歌詞とメロディーに少し和声のアレンジを加えただけで新曲を作ったのが露見したら、盗作で訴えられることは間違いない。だがまさにこれこそが、中世の人々にとっての作曲行為だった。当時はまだ、ゼロから何か曲を作るという意識はほとんどなかった。「曲を作る」とはグレゴリオ聖歌に何かを少し加える（飾る）、つまりそれを編曲することだったのである。この聖歌編曲が、オルガヌムと呼ばれるジャンルである。これは中世における美術の状況とよく似ている。つまり当時は、絵画といえばほとんど宗教画と同義で、描かれる主題は――受胎告知やキリストの磔刑《たっけい》やアダムとイヴの楽園追放など――聖書に取材した場面ばかりであって、しかも主題ごとにそれを描く構図は前もってほとんど決められていた（受胎告知なら、マリアの前に天使が立ち、その傍には処女性をあらわすユリが描かれる等）。ここには画家のオリジナリティが入り込む余地などほとんどなかったのである。

とはいえ、単なる型の再現だけでは次第に物足りなくなってくるのが、芸術家の習性である。中世の音楽家たちも、グレゴリオ聖歌を飾るだけではだんだん満足できなくなってきて、少し「新しい」ことがやってみたくなりはじめたに違いない。まず時代が下るにつれて、グレゴリオ聖歌がオルガヌム声部（新しく加えられた声部）より下に置かれることが多くなる。

つまり最初は上に置かれたグレゴリオ聖歌を飾るものだったオルガヌム声部の方が、曲の主眼になってくるのである。「主客転倒」といってもいいし、グレゴリオ聖歌は次第に曲を作るための「口実（だし）」になりはじめたといってもいいだろう。また最初は影のように同じ歩調でグレゴリオ聖歌に寄り添っていたオルガヌム声部が、一一世紀末から一二世紀初頭になると、かなり独立した動きをするようになる。聖歌の旋律と逆の方向に動いたり（専門用語でいえば反進行である。図Ⅰ‐4b）、長く引き延ばした聖歌の上に細かい装飾的な旋律がつけ加えられたり（メリスマ・オルガヌム）するようになるのだ（図Ⅰ‐4c）。これらはとりわけ一二世紀に入って生じてきた出来事である。

ただし西洋芸術音楽のこれら最初期の様相は、あくまで想像上のものにすぎず、具体的なことの大半は闇に包まれたままである。古い資料からある程度のことは察することができる。だが、これら初期オルガヌムがいったいどんな風に鳴ったかは、永遠の謎であり続けるだろう。楽譜もきわめてプリミティヴだし、どんな編成で歌ったかを知る手がかりもほとんどない。この時代の音楽を再現した録音はあるにはあるが、考古学的復元作業を超えるものではない。中世初期のオルガヌムは、実際に聴く音楽というより、「ああだったのだろうか、こうだったのだろうか」と想像し、さまざまな謎解きに挑んで楽しむ音楽といえるだろう。

ノートルダム楽派とゴシックの世紀

あらゆるエポックと同じく、中世にも上昇の時期と時代の頂点と下降の時期がある。これまで辿ってきたのは、とても慎ましい、ためらいがちな上昇の時代であった。九世紀からの初期オルガヌムは、そこからあの西洋音楽史の大河が生まれきたのは確かだとしても、今となっては、かつてそこに小さな小さな川があったことをかろうじてうかがわせる、かすかな痕跡があるのみである。中世音楽が爆発的な発展――われわれは今なおその威容をある程度実感することができる――を見せるのは、一二世紀末のノートルダム楽派の時代からである。

中世のオルガヌム芸術の頂点を成すノートルダム楽派は、時代的には教会権威の絶頂期と重なっている。一〇九九年には第一回十字軍がエルサレム奪還に成功し、一二世紀において教会は、王をも凌《しの》ぐ絶大な力を手にした。かつての人里離れた修道院における禁欲的な宗教活動は徐々に過去のものとなり、宗教者たちは人々に自らの権力を誇示するようになる。この時代、フランス各地では続々とゴシック教会が建築される。天にも届かんばかりの尖塔、入り口を埋め尽くす彫刻群、そしてこの世のものとも思えないステンドグラスの不思議な色彩――それは地上に再現された神の家だった。最初期のゴシックといわれるパリのサン・ドニ教会が一一三七－四四年、シャルトルが一一九四－一二二〇年、アミアンが一二二〇－七〇年、そしてパリのノートルダム大聖堂がほぼ完成したのが一二五〇年。そして今もパリ観光をする者が必ず訪れる、このノートルダム大聖堂を中心に展開したのが、ノートルダム楽派の音楽だったのである。

ノートルダム楽派はレオナンとペロタンという二人の「作曲家」の存在によってつとに知られる（「作曲家」とカッコつきで書いたのは、彼らが果たして近代的な意味での作曲家であったかどうかが疑わしいからなのだが）。一二世紀後半に活動したレオナンは、さまざまな教会儀式（ミサ等）のためのオルガヌムを体系的にまとめ（《オルガヌム大全》）、一二世紀末から一三世紀初頭にかけて活動したペロタンは、これらのオルガヌムをさらに大規模に改編したといわれる。これらのオルガヌムはドイツやイタリアやスペインにも写本が残っており、一三世紀末まで歌われていたことが分かっているから、彼らの作品が当時いかに絶大な名声を誇っていたか察せられよう。

レオナンとペロタンの作品を聴き比べてみれば、ゴシックの時代にオルガヌム芸術がどれほどの飛躍的発展を遂げたか実感できるはずである。右に述べたように、ペロタンのものとされる作品の多くはレオナンの改作だから、比較するには格好の素材である（たとえばデイヴィッド・マンロウの名録音『ゴシック期の音楽』〔Archiv〕におさめられた《地上のすべての国々は》など）。まずレオナンの曲は二声のごく繊細なもので、引き延ばされたグレゴリオ聖歌の上に、宙を漂うようなオルガヌム声部が細かく飾られるメリスマ・オルガヌムである（図

I‐4c参照)。それに対してペロタンの曲は、比較にならないくらいに規模が大きく、ほとんど「中世のシンフォニー」と呼びたくなるほどだ。編成は四声へと拡張され、低音で轟くグレゴリオ聖歌は巨大な石柱を思わせる。そしてその上にリズミカルなオルガヌム声部がのせられるのだが、これは今の感覚でいえば八分の六拍子に聴こえるだろう。

ペロタンの曲のこの舞い踊るようなリズムは、この時代あたりからようやく、音高だけでなく音の長さ(リズム面)もある程度表記できる楽譜システムが考案されたことと、密接に関係している(これはモード・リズムと呼ばれる)。おそらくそれまでの音楽は、まだまだ言葉から完全に独立してはおらず、したがって歌詞を適切な抑揚で唱えていればおのずとしかるべきリズムになるという、そんな性格のものだったはずだ。だからこそ、それまでの人々は、あえて音の長さを楽譜として表記する必要性を感じなかったのだろう。要するにお経などと事情は同じであって、わざわざ音符で書かずとも、言葉の抑揚が自然に適切なリズムを導いてくれるのである。しかるにペロタンの時代から初めて、音楽は言葉の抑揚から解放され、音楽固有の時間分節の法則(リズム)を追求するようになった。だからこそ、音価をもできるだけ正確に記譜する必要が出てきたのである。これは音楽が言葉から自立していくプロセスの、非常に重要な第一段階であった。

鳴り響く数の秩序

それにしてもペロタンらの曲は、今日の多くの人々にとって、まるで異世界の音楽のように響くはずである。この違和感にはいくつか理由があるのだが、その最大のものは和声感覚の違いだ。われわれにとって「和音」といえば、たとえば「ドミソ」のことであるが、中世においては「ドミソ」は不協和音だった。つまり「ミ（三度）」が入っていてはいけなかったのである。ためしにピアノで「ドミソ」と「ドソ」を弾き比べてみてほしい。柔らかい前者の響きに対して、後者はどこか尖っていてまろやかさを欠く、空虚なものに聴こえるはずだ。だが中世の人々にとっては、この――近代の和声法では「空虚五度」と呼ばれて禁則とされる――「ドソ」の響きの方が「正しかった」のである。つまり中世においては禁欲的で峻厳で威嚇するような響きこそが求められたのであって、音楽は――われわれがついそう考えがちな――どこかしら甘美な存在ではなかったのであろう。

おそらくこうした音響が好まれた背景には、当時の人々の独得の音楽観があったはずである。ここで中世の音楽美学について少し触れておこう。まず強調しておきたいのは、中世において音楽は、決して「音」を「楽しむ」ことではなかったという事実である。中世を通して広く読まれた理論書に、ボエティウス（四八〇？―五二四？年）の『音楽綱要』があるが、彼はここで音楽を三種類に分類した（図I－5）。まず「ムジカ・ムンダーナ（宇宙の音

I－5　1240年代にパリで作られた細密画。上段が宇宙を司る「ムジカ・ムンダーナ」、中段が人の心身を司る「ムジカ・フマーナ」、下段が実際の音楽「ムジカ・インストゥルメンタリス」。

楽）」は四季の変化や天体の運行などを司る秩序のことで、これには非常に重要な意味が与えられていた。当時の人々にとって「本来の」音楽とは、何よりこの「世界を調律している秩序」のことであった。そして同様の秩序が人間の心身をも司っているとされ、これは「ムジカ・フマーナ（人間の音楽）」と呼ばれた。「音楽」によるこの調律作用が狂うと、病気になったり性格が曲がったりすると考えられたのである。そして実際に鳴る音楽（これこそわれわれが「音楽」と考えているものなのだが）は「ムジカ・インストゥルメンタリス（楽器の音楽）」と呼ばれ、これは三種類の音楽のうちの最も下位に置かれていた（ここには声楽も含まれた）。実際に鳴る音楽などどうでもよいものであり、「本当の」音楽とはその背後の秩序のことだとされたわけである。

　こうした「音楽は聴くものではない（!?）」という考え方の源流は、音楽を数学の一種と考える古代ギリシャにまで遡ることができる。その代表はピタゴラスであって、彼は数学者であると同時に、音響学者でもあった。弦の長さを半分にすると一オクターヴ上の音が鳴るといった、音程比と弦の長さの比率関係を発見したのは彼である。古代ギリシャにおいてすでに音楽は、「振動し鳴り響く数字」であり、超越的な秩序（数学的比率）の感覚的なあらわれであった。おそらく中世において、そしてそれ以後も、真にその名に値する「音楽」（芸術音楽）とは、現象界の背後の客観的秩序を探求認識するという意味で、一種科学に近いものと考えられていたのだろう。たとえばヨハネス・アフリゲメンシスの『音楽論（デ・ムジカ）』（一一〇〇年頃）は、音楽家を「ムジクス＝理論を熟知している人」と「カントール＝理論なしにただ音楽をするだけの人」の二種類に分類している。中世の大学で教えられた自由七学科のうち、文法と修辞学と弁論術が基礎学科であったのに対して、音楽は幾何学や代数や天文学と並ぶより高等な数学的学問とされていたこともつけ加えておこう。音楽は快楽ではなく、科学や哲学に近いものだったのである。

このような中世の音楽観から考えて、ペロタンらの曲の背後にあったのは「神の国の秩序を音で模倣する」といった意図ではなかったかと思われる。少なくともそれが「人間が聴いて楽しむ」といったものでなかったことだけは確かだ。たとえばペロタンの曲が今のわれわれにはすべて八分の六拍子に聴こえることは右に述べたが、これにも神学的な理由があったようである。つまり当時の音楽はもっぱら、三位一体をあらわす「三」拍子系で書かれたのである（後で述べるように、一四世紀に入って二拍子系が導入されると、教会から「神への冒瀆」として大変な非難の声が上がった）。またわれわれにとってまったく不可解にも思えるのが、低音に置かれたグレゴリオ聖歌である。これらのおそろしく引き延ばされて唸りをあげる音の振動を聴いて、それが聖歌だと分かる人などいないだろう。「聴いて分かりもしないものをなぜ？」と思うのが、近代人の音楽観のはずである。だが当時の人々にとっては、人間が聴いて聖歌をそれと分かる必要などなかったに違いない。耳で聴こえるものの背後に、神の秩序（聖歌）が確かに存在しているということこそが、彼らにとっては重要だったはずである。

音楽の背後に超越的な秩序を作りたがるこの傾向は、われわれがよくなじんでいる「クラシック」のレパートリーの音楽にとっても、実は無縁ではない。バッハが好んだ数の象徴、シェーンベルクの一二音技法、あるいはバルトークの黄金分割等々。こうした西洋芸術音楽独得の数学的な思考法を端的にあらわしているのが、トーマス・マンの小説『ファウストゥス博士』の中の一節である。これは作曲家（モデルはニーチェだともシェーンベルクだともいわれる）を主人公にした長篇小説であり、そこでマンは登場人物の一人であるクレッチュマルという音楽教師に次のように語らせている。

音楽は「耳に訴える」、とはよく言われることですが、それは条件つきで、すなわち、聴覚は、他の諸感覚と同じく、精神的なものに対する補充的な中間器官、受容器官である、という限りで認められることに過ぎません。おそらく、とクレッチュマルは言った、聴かれず、見られず、感じられず、出来ることなら感性の、そして情念の彼岸で、純粋に精神的な領域で、理解され観照されることこそ、音楽のもっとも深い願望なのです。

（円子修平訳）

ちなみに一九四五年にシェーンベルクは、マンの七〇歳の誕生日を祝って、非常に複雑なカノン（《四声の無限のカノン》）を献呈したが、これについて作曲者自身「ほとんど演奏不可能」と述べた。「音楽は必ずしも耳に聴こえる必要はない（音楽は現象界の背後の数的秩序だ）」という特異な考え方こそ、中世から現代に至る西洋芸術音楽の歴史を貫いている地下水脈である。

アルス・ノヴァと中世の黄昏

ここでもう一度中世音楽の「歴史」に戻ろう。これまで触れなかったが、地域的に見て中

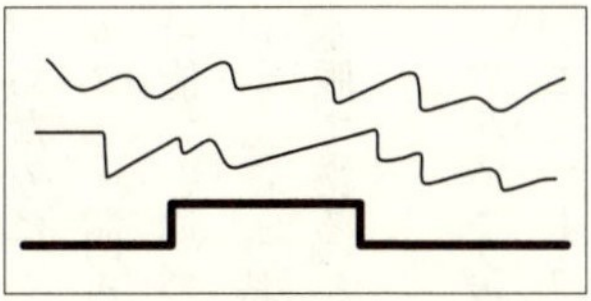

I-6　中世のモテットでは、引き延ばされた低音のグレゴリオ聖歌（ラテン語）**の上に、世俗的な歌詞をもつ二つの自由な創作声部が加えられる。**

世音楽とは、ノートルダム楽派に限らず、何よりまずフランスの音楽であった。中世はフランス音楽の最初の黄金時代なのだ。ドビュッシーやラヴェルの作品にはしばしば「古風な《アンティーク》……」という表現が見られるが、これらは中世音楽へのノスタルジックな回顧だと考えていいだろう。また〈沈む寺〉（《前奏曲集第一巻》一〇）の冒頭もオルガヌムを模倣している（ドビュッシーに中世音楽に対する学術的な知識があったはずはないが）。この中世フランス音楽が爛熟の時代に入るのが、一三、四世紀である。

中世後半の時代の中心となるのが、オルガヌムから生まれたモテットというジャンルである。これは三声から成るのが普通で、グレゴリオ聖歌を低音に置き、その上に自由に考案した旋律を置くのはオルガヌムと同じなのだが、上にのせられる旋律がフランス語で歌われる点が違う（「モテット」の語源はフランス語の「言葉〔mot〕」といわれる。図I-6）。初期のモテットは、低音に置かれたグレゴリオ聖歌の内容を、俗語のフランス語で注解した歌詞をもった旋律を上にのせていたらしい。当時の一般大衆はラテン語が分からなかったからである。だが後になるとモテットは、今日の目からはほとんど荒唐無稽とも見えるパロディ芸術へと発展した。すでに触れたマンロウ指揮の『ゴシック期の音楽』という録音に含まれる、一三世紀後半のあるモテットの歌詞は、次のようなものだ。まず一番上の声部はフランス語で、「五月にはつぐみが歌い、グラジオラスやバラやユリも咲き乱れる。だから恋する人々も歓びに存分に身を任す。ならば私も楽しもう。私には国で一番美しい彼女がいるのだから」と恋心を歌う。二つ目の声部もフランス語だが、こちらは「再婚した男は身を嘆け。教皇を恨むなどもってのほか」と諷刺的。そして低音のグレゴリオ聖歌には「キリエ（主よ）」とあるのみ。つまりラテン語のグレゴリオ聖歌（ただし最低音に置かれたグレゴリオ聖歌からの引用は、器楽で演奏されていた可能性も捨てきれない）の上に、フランス語でおよそ聖歌と何の関係もないような恋歌や諷刺歌がのせられるのである。これは聖と俗が交じり合った不可思議な世界である。

川柳を持ち出すまでもなく、パロディとはある文化が爛熟した時期に生まれるものであるが、力や壮大さではなくミニチュア的繊細や洗練を追求するという点でも、モテットは典型的な爛熟期の芸術だといえる。響きは非常に親密になり、技巧的でおそろしく凝った装飾的な動きが増え、妖艶な甘さが音楽に漂いはじめるのである。美術でいえばそれは、パリのクリュニー美術館にある一角獣《ユニコーン》を描いたタピストリーや、金や銀や青で彩られたため息が出るような細密画『ベリー侯のいとも豪華なる時禱書』などに比せられようか（図Ⅰ-7）。相変わらずグレゴリオ聖歌を低音に置いているとはいえ、これはもはや宗教を口実にした世俗

Ⅰ－7　1410年頃に作られたランブール兄弟の『ベリー侯のいとも豪華なる時禱書』。当時非常に高価だった青や金をふんだんに用いたこの細密画は、中世フランス美術最末期の傑作である。

の音楽（人が楽しむ音楽）であって、それを楽しんでいたのはたぶん、宮廷人や刹那的な快楽に身を任せる一部の不埒な聖職者であったはずだ。

ちなみに中世末期の音楽といえば必ず目にするのが、「アルス・ノヴァ」という言葉である。これはフィリップ・ド・ヴィトリ（一二九一－一三六一年）の『アルス・ノヴァ』（一三二二年）という理論書に由来するのだが、くれぐれも誤解しないでほしいことがある。今風に訳せば「アルス・ノヴァ」とは「新しい芸術」となるわけだから、あたかもこの頃（一三二〇年あたり）から新しい時代の夜明けが始まったような錯覚をしがちなのだが、実はこれがとんでもない間違いなのである。そもそもヴィトリの書物の正確なタイトルは『アルス・ノヴァ・ノタンディ（記譜法の新しい技芸）』であって、ここで彼が行なったのは、三位一体をあらわす従来の三拍子系だけでなく、二拍子系のリズムも正確に表現できる記譜理論の提示だったのである（ヴィトリの考案した理論は現在の記譜法の基礎になった）。

一三世紀以後のモテット芸術は、もはや神などおかまいなしに、どんどん複雑化し、芸術のための芸術を追い求めていった。人々は三拍子系だけでは満足できず、別に神学的な裏づけがなくとも、純然たる芸術上の欲求から二拍子系を導入したくなってきたのだろう。そのための記譜法を、ヴィトリは考案したのである。つまりヴィトリの『アルス・ノヴァ』はモテット芸術の爛熟の最終局面であって、新しい時代の夜明けなどではなかったわけである。またヴィトリ自身、かなりの数のモテットを残しているが、それらはいずれも、一筋縄でいかない知的遊戯の性格と、贅を凝らした装飾性（演奏は相当難しいはずだ）と、謎めいた頽廃的な甘さの点で、独得の魅力を湛《たた》えている（Orlando Consort による Philippe de Vitry and the Ars Nova〔AMONRA〕という素晴らしいCDがある）。

しかしながら、「芸術の自立／自律」が自明の今日にあっては「たかだか二拍子系のリズムを導入したくらいでどうして？」といぶかしく思われるかもしれないが、このヴィトリの新理論は当時の宗教者たちの逆鱗に触れ、その是非をめぐって大論争が起きた。ジャック・ド・リエージュという年輩の僧は『音楽の鏡《スペクルム・ムシケ》』（一三二三／二四年）という本で、同時代のモテットが二拍子の導入や不自然なリズムでもって音楽を切り刻んでいると非難し、ついには当時アヴィニヨンにあった教皇庁から、こうした音楽を禁止する命令がヨハネス二二世によって出されるまでになったのである（一三二四／二五年）。このアルス・ノヴァ論争は、芸術音楽史における宗教と音楽との乖離を告げる、最初の出来事だったといえるだろう。祈りの行為としての音楽か、芸術上の悦楽と技巧の追求か。おそらく一四世紀は、人々が音楽を「楽しむ」官能に目覚めた、最初の世紀であったと考えられる。

十字軍の度重なる失敗、教会権威の失墜と堕落、ペストの大流行と死の舞踏への人気の高まり、教皇庁の分裂（シスマ）……。ホイジンガが『中世の秋』で描いた一四世紀は、絶望的な時代だった。人々はこの世の終わりと偽メシアの出現に恐れおののいていた。有名な占星術師ノストラダムスがこの時代の人だったことも思い出しておこう。モテットは、この暗いアンシャン・レジームの時代に咲いた、艶やかな徒花《あだばな》だったといえるかもしれない。

なお、ヴィトリと並ぶアルス・ノヴァの時代の「大作曲家」が、ギョーム・ド・マショー（一三〇〇？–七七年）である。シャンパーニュの産地として、また筆舌に尽くせない素晴らしいゴシック教会で有名なランス――フランス国王は代々ここで戴冠式をするのが常で、ロッシーニの素敵なオペラ《ランスへの旅》も、それに馳せ参じようとする人々を描いた作品である――を中心に活躍した彼の作風は、ヴィトリのそれと基本的に同じといっていい。ただし彼は、ヴィトリにも増してエネルギッシュな人で、モテットだけでなく、ミサ（作者不詳の《トゥルネーのミサ》と並ぶ現存最古のミサ曲）や数多くの世俗歌曲（レーやロンドーやヴィルレーなど）も残している。貴婦人へのメランコリックな愛の幻影や滅びゆく騎士道へのノスタルジーを歌う彼の世俗歌曲は、臨時導音（ある音を一時的に半音上げたり下げたりする）やシンコペーションを駆使したおそろしく凝ったものである。技巧的といっても、構成的といってもいいだろう。それまでほとんど専ら宗教音楽の世界で展開してきた「音楽を設計する」という理念を、マショーはここで純然たる世俗曲に転用したのである。これは脱宗教化へ向けての芸術音楽の最初の一歩であった。

第二章　ルネサンスと「音楽」の始まり

「美」になった音楽

「ルネサンス」といえば、誰もがおよそのイメージをもっているだろう。時代的には一五、六世紀で、中心はイタリア（もちろんルネサンス的な精神がすでに一二世紀あたりに誕生していたという説もあるが）。レオナルド・ダ・ヴィンチやラファエロやミケランジェロといった万能の天才の出現。古代ギリシャ・ローマ文化の復興。ヒューマニズムと科学的な実証精神の誕生等々。一二世紀から一三世紀初頭にかけて頂点に達した教会の権威は、一四世紀に入って徐々に失墜しはじめた。十字軍の度重なる失敗や教皇庁の分裂が、その原因である。代わって、十字軍に際して一種の旅行代理店（兵士を目的地まで運ぶ）や銀行（資金の貸し出しをする）の役割を果たしたイタリアの商人階級が、徐々に力をつけはじめる。こうした中から

Ⅱ－1　ブルネレスキによるフィレンツェの大聖堂（1420－36年）**のドームは、その明るいバラ色の色彩と簡潔でのびやかな輪郭の点で、中世のゴシック建築と対照的である。**

生まれてきたのが、イタリアを中心とするルネサンス文化である。

ルネサンス文化の現世肯定的な性格は、それが商人（市民）階級中心の文化だったことと少なからず関係していたはずである。商人（市民）はいつの時代も現実主義者である。ひたすら神の裁きを恐れつつ現世を過ごすのではなく、今目の前にある美しいものを楽しむことを人々がよしとしはじめた時代。決して神を疑うわけではないけれど、森羅万象をまずは自分の目で確かめてみようと人々が試みはじめた時代。それがルネサンスだったと、ひとまずいっておこう。

もちろん中世とルネサンスの境界線がそう単純なものでないことは、今では文化史の常識である。それでもやはり、パリのノートルダム大聖堂を見た後でブルネレスキ設計のドームをもつフィレンツェの大聖堂を訪れる時、そこにはまったく別の感性が存在していることを実感しない人はいないはずだ（図II-1）。ここにある大らかな優雅さは、「人生の美を謳歌することは決して罪ではない」ということを発見した人々の喜びと、決して無関係ではなかっただろう。教科書的に「人間中心主義」などというと堅苦しいが、ルネサンスとは要するに、今でもイタリアの諸都市に満ち満ちているあのわき立つような生の喜びのこと――今ここで自分が生きているということが本当に幸福に感じられる、そしてこの幸福を思いきり味わっていいのだと心から思える、あの感覚のこと――だと、私は思っている。

もちろん音楽史の潮流は、文化史のそれと常に一致するわけではない。たとえば一九世紀ロマン派音楽は、リアリズム文学と同居していた。だがルネサンスの場合、音楽史の方向はかなりはっきり時代潮流と一致していたと考えていいだろう。ためしに、ルネサンス音楽の祖ともいえるデュファイの有名なミサ曲《私の顔が蒼いのは》（一四五一年）などを聴いてみてほしい。のびやかな旋律と響きのぬくもりは、中世音楽には絶対に聴きとれないものだ。中世美術を見ていると、あるいは一四世紀のマショーのミサ曲などを聴くと、当時の人々は常にあの世の恐怖におののきながら生きていたに違いないという気がしてくる。もちろんアルス・ノヴァの時代のモテットは、第一章で述べたように、すでに「楽しみとしての音楽」だった。しかしながら、それはあくまで少数者のための背徳的な快楽であって、誰もが率直にその美しさを味わえる性格のものではなかった。けれどもデュファイの音楽とフィレンツェの大聖堂は、シンプルで大らかで暖かい開放感を完全に共有している。ここにはもはや彼岸への畏《おそ》れはない。「生きていていいのだ、生きて美しい音楽を楽しんでいいのだ」という安心感――これがルネサンス音楽の最大の特徴である。

実際ルネサンスの音楽（特に一五世紀）は、どれも息を呑むほど「美しい」。これは決して後世の人間の印象批評ではない。一例を挙げよう。「ハルモニア」という語は、一四世紀前半のマルケット・ダ・パドヴァという人物の理論書『ルチダーリウム』においては、まだ「高音と低音の数的比率」と定義されていた。だがルネサンスの代表的な理論家ティンクトリス（一四三五？―一五一一？年）の『音楽用語定義集』（一四七四年）では、それは「美《エウ》しい響《フォニア》き」と定義されるようになる。ハーモニーは「数」から「美」になったのである。またティンクトリスは音楽を、「ムジカ・アルモニカ（人間の声によって作られる音楽）」「ムジカ・オルガニカ（空気の流れによって発音する楽器による音楽）」「ムジカ・リトミカ（触れることによって音を発する楽器による音楽）」の三種類に分類したのだが、中世においては音楽が「ムジカ・ムンダーナ（宇宙の音楽）」「ムジカ・フマーナ（人間の音楽）」「ムジカ・インストゥルメンタリス（楽器の音楽）」に分類されていたことを思い出してほしい。ティンクトリスにおいて音楽は、「宇宙を司る数的秩序」などではなく、徹頭徹尾「実際に響く感覚的な存在」として捉えられはじめていることが分かるだろう。ルネサンスとは、音楽がわれわれが考えているような音楽になった時代だった。

フランドル楽派の一五世紀

一五世紀に入ってまったく新しいタイプの音楽が出てきたということは、同時代人によってもはっきり感得されていた。有名なのが、右にも触れたティンクトリスの『対位法について』(一四七七年)にある言葉である。彼いわく、「これをどれほど強調してもしすぎではないが、この四〇年来より前には聴くに値するような音楽は存在しなかった」。つまり一四三〇年前後あたりから、真にその名に値する音楽が出現しはじめたというのである。そして具体的な作曲家として彼が挙げるのが、ダンスタブルやデュファイやオケゲムやバンショワといった作曲家である。これこそまさに、われわれが今日「ルネサンスの音楽家」と呼ぶ人々である。

一口に「ルネサンスの音楽」といっても、前半と後半ではかなり様相が違うのだが、ここではまず前半(一五世紀)について述べよう。一五世紀音楽を代表するのは、右にも述べたような、大らかな旋律の流れと暖かい響きを特徴とする、無伴奏の宗教合唱曲である。ティンクトリスがいう「この四〇年来(一四三〇年前後から)」出現した新しいタイプの音楽とは、この種のものを指す。それが中世音楽とまったく違うものであることは、これまたティンクトリスが列挙しているデュファイやオケゲムやバンショワの作品の何かを一聴すれば明らかなはずだ。そしてこのルネサンス音楽の母胎となったのが、実はイギリスからの影響である。

一三三七年から一四五三年にかけて、イギリスとフランスの間には、いわゆる百年戦争が勃発した。当初はフランス側の敗北つづきで、領土の多くをイギリスに割譲することになる（フランスからイギリスを追い出したのは、あのジャンヌ・ダルクである）のだが、この戦争がきっかけとなってイギリスの音楽が大量にフランスに流れ込んできた。この時代のイギリス音楽は中世フランス音楽とまったく体質が違って、とにかく響きが暖かく、旋律は大らかにゆったりと流れていく（イギリス音楽が暖かく響くのは、中世フランスでは用いられなかった三度の音程を多用するからである）。どことなくグリーンスリーヴスを連想させ、ほとんどビートルズのように響く部分すらあるのが不思議だ。なかでも重要なのはジョン・ダンスタブル（一三九〇？－一四五三年）で、彼抜きにはルネサンス音楽はありえなかったといっても過言ではない（この時代のイギリス音楽に関してはPro Cantione Antiquaの演奏によるArs BritanicaというCDがTELDECから出ている）。

ダンスタブルらの影響から生まれてきた新しい音楽の中心地は、今のフランス北部からベルギーにかけての地域（カンブレーやモンなど）である。実は当時のヨーロッパ地図は今とかなり違っていて、ドイツ（神聖ローマ帝国）とフランスの間の地域をブルゴーニュ公国という第三の国が支配していた。その中心は、食通の街として有名なディジョン。ブルゴーニュ公国は、今の独仏の国境地帯（ブザンソンなど）から、ベルギーやオランダあたりまでを支配していた。そしてブルゴーニュ公国の中でも、とりわけベルギーとフランス北部の周辺から多くの作曲家が出てきたので、それをフランコ・フランドル楽派と呼ぶのである（ただしここでは以後、簡潔に「フランドル楽派」としておく）。

どういう理由か定かではないが、一五世紀において、本当に大量の作曲家がここから生まれてきて、ヨーロッパ各地で活躍することになる。一五世紀において作曲家は、フランス北部／フランドル地方以外からは出てこなかったとすらいえるほどだ。フランドル楽派の作曲家のごく一部を挙げておこう。ルネサンス音楽の原点ともいえるのが、前述のギョーム・デュファイ（一四〇〇―七四年）。次の世代を代表するのがオケゲム（一四二五―九七年）。彼の作風はデュファイと比べて神秘的な中世の気分を色濃く残しており、とりわけ、おそろしく凝った数的な比率構造を作品に組み込むことで知られる。第三世代はルネサンス音楽の一つの頂点であり、素晴らしい《レクイエム》を書いたピエール・ド・ラ・リュー（一四六〇―一五一八年）や、ルネサンス最大の作曲家といっていいジョスカン・デ・プレ（一四四〇―一五二一年）がいる。ジョスカンの《わが子アブサロン》や《アヴェ・マリア》といった宗教合唱曲（モテット）、あるいは有名なミサ曲《パンジェ・リングア》を聴けば、「完璧な調和」とか「優美な静けさ」といったルネサンスの美的理念が、ここで最も完全な形で具現されていることが分かるはずである（ちなみにジョスカンはボッティチェリ〔一四四四－一五一〇年〕やダ・ヴィンチ〔一四五二－一五一九年〕と同世代である）。

これら前期ルネサンスの作曲家が最も得意としたジャンルは――ジル・バンショワ（一四〇〇－六〇年）のようにシャンソン（世俗歌曲）で有名な人もいるが――何といっても無伴奏の宗教合唱曲であって、具体的にはミサ曲とモテットである。なお、ここでくれぐれも注意していただきたいのは、ルネサンスの「モテット」が中世のモテット（グレゴリオ聖歌を低音に置いて、そのうえに世俗歌曲を歌わせるもの）とはまったく別物だという点である。ルネサンスにおけるモテットには、「比較的自由な歌詞による無伴奏の宗教合唱曲」という以上の意味はない。それからもう一つ注意してほしいのは、ルネサンスのミサにはしばしば「私の顔が蒼いのは」とか「武装する人」といったタイトルがついているが、これは決して「私の顔が蒼いのは云々」という歌詞がついているという意味ではないということである。これについては後で述べよう。

定旋律のこと

右にも述べたように、フランドル楽派の無伴奏合唱曲の特徴は、均質でのびやかで流麗な甘い響きの流れである。中世音楽独得のぎくしゃくしたリズムや尖った響きは、ほぼ完全に姿を消している。だが、この時代の作曲技法でもう一つ触れておかねばならないのは、いわゆる定旋律《ていせんりつ》の問題である。中世では——オルガヌムにしろモテットにしろ——既成の旋律（グレゴリオ聖歌）を借用して、いわばそれに寄生するようにして曲を作るのが常だった。この借用される既成の旋律（聖歌）のことを、「定旋律（カントゥス・フィルムス）」と呼ぶのだが、この「定旋律の編曲としての作曲」という手法は、ルネサンスにおいてもまだ残っている。ただし重要なのは、借用の仕方がルネサンスになると相当に変化する点である。

第一にルネサンスに入ると、世俗曲から旋律を借りて宗教曲を作るということが起こりはじめる。これはルネサンスの時代に厖大な量が作曲されたミサ曲について特にいえることで（これは銘記しておいてほしいのだが、ルネサンスはミサ曲の黄金時代だった）、世俗曲から借りてきた旋律の一部を利用して宗教曲を作るようになるのである。前にも少し断わったように、「私の顔が蒼いのは」とか「武装する人」といったミサ曲のタイトルは、歌詞ではない。「私の顔が蒼いのは」はデュファイ自身が作った世俗曲から、オケゲムの「武装する人」は民謡から、それぞれ旋律の一部を借りて作られており、タイトルは原曲のままつけられているのである（なおジョスカンの大傑作であるミサ《パンジェ・リングア》は、グレゴリオ聖歌を定旋律として用いている）。世俗曲から借りた旋律で宗教曲を書くようになった理由は定かではないが、やはり宗教の束縛が弱まったということに尽きるだろう。作曲家の創作上のファンタジーを刺激するものなら、それが世俗曲であっても構わないということである。何世紀も前に作られたグレゴリオ聖歌よりも、同時代の世俗曲や民謡の方が、作曲家自身のスタイルや精神にぴったり合いやすいという、実際的な理由もあっただろう。

第二に、歌詞の問題について触れておきたい。すでに述べたように、中世のモテットの場合、定旋律はラテン語、上の声部はフランス語で歌われていた（ただし定旋律の聖歌は器楽で演奏されることも多かったはずである）。だがルネサンスに入ると、こういうにわかには理解し難いようなことは起こらない。たとえ世俗曲から借用された旋律が使用される場合でも、元の歌詞はラテン語の宗教的なものに置き換えられる。上の声部ではラテン語の「キリエ・エレイソン」、定旋律はフランス語の「私の顔が蒼いのは」などといった珍妙なことは起こらない。すべての歌詞が、「アヴェ・マリア」だとか「キリエ・エレイソン」だとか、同じ歌詞を歌うのである。

第三に、この時代になると定旋律の処理が次第に自由になっていくことを挙げたい。借りてきた旋律を、作曲家が扱いやすいように、かなり自由にパラフレーズして用いる（作曲家の「創意」が前面に出てくる）のである。とりわけ重要なのは、借用した旋律が置かれるパートの問題である。中世のオルガヌムやモテットでは、定旋律は常に低音に置かれた。上でどれだけ世俗的な歌詞を歌おうとも、その基軸には聖歌があるということが肝要だったのである。ルネサンスのミサ曲でも最初のうちは（デュファイやオケゲムでは）、借用された旋律はまだ低音に置かれていた（アレンジの方法は中世に比べて相当自由になりはするが）。「基軸の上に建物を作る」という中世的な発想はまだ残っていたわけだ。だがジョスカンの時代になると、定旋律は低音ではなく、旋律に配されるようになる。彼のミサ曲を何でもいいから聴けばすぐに分かることだが、およその作品でも、曲は次のように進行する（図Ⅱ-2）。まず必ず最初に、一つのパートがソロで歌いはじめる。この歌い出しのパートの旋律（「主題：ソッジェット」と呼ばれる）に、借用してきた定旋律が自由にアレンジされて埋め込まれているのである。そしてこの旋律を、一定の間隔を置いて第二のパートが、次に第三のパートが、次々に忠実に模倣していく。こうして美しい均質なうねりが作り出されるのである。このスタイルは、専門用語で「通模倣」と呼ばれるものであって、同じ旋律をすべての声部が「通して」「模倣」していくわけである。非常に単純化していえば、一種の輪唱（カノン）だと思ってもらえ

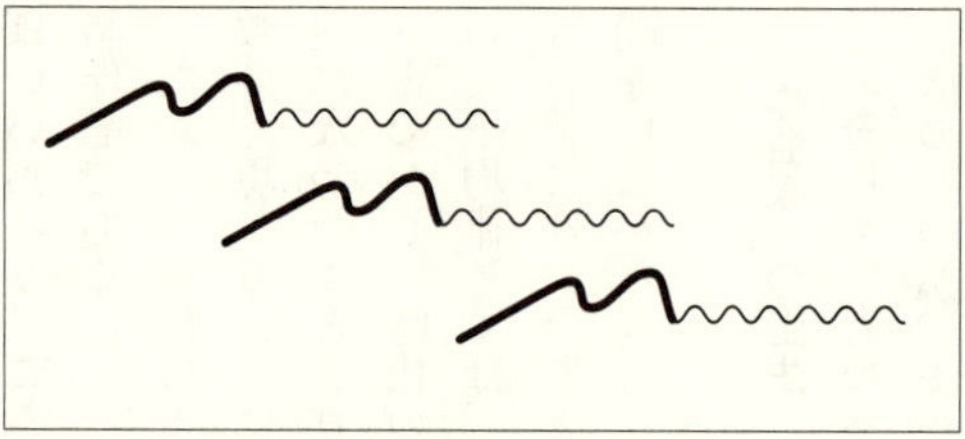

Ⅱ-2　ルネサンスの無伴奏合唱曲では、一つの主題（太線）**が次々に模倣されていく。**

ばいいだろう。こうした通模倣のスタイルによるミサやモテットの最高峰が、ジョスカンの諸作品である。

なお一六世紀に入ると、こうした通模倣のスタイルによる無伴奏合唱曲に倣った鍵盤曲が、数多く現れるようになる。一種の鍵盤用編曲である。これが後のバロック時代のフーガの原型になったことを覚えておいてほしい。フーガとは要するに、バロック時代から見ればかなり古めかしい時代の音楽様式を、鍵盤に転用したジャンルだったのである。もちろんバッハの《平均律》には、もっと新しく同時代的な舞踏曲的な主題によるものも多い。だが、大きな音符でゆったりと動いていく曲は、当時としては古風なスタイルを意図したものと考えて間違いなかろう。

「作曲家」の誕生

おそらく読者の多くが気づいておられるはずだが、中世と比べた時のルネサンスの大きな特徴の一つが、大量の「作曲家」の出現である（図Ⅱ-3）。それを「画家」や「作家」に置き換えれば、美術史でも文学史でも事情は同じだろう。作曲家とはつまり、自分の名前を作品に署名する人々のことだ。煉瓦職人は決して自分の作った「作品」に署名したりはしない。匿名であることこそ職人の誇りであるとすらいえるだろう。それに対して、「作る人」

が「コレハ我輩ノ作デアル」と自ら「名乗る」時、そこにはすでに芸術家としての自意識が芽生えている。「これは世界の他の誰とも違う『私』が作ったものである」というこの自我こそ、いわゆる芸術家と職人との決定的な違いだと、私は考える（昨今は「誰々作のラーメン」といった具合に料理人が自分の名を名乗ることが多いが、これなど料理人が自らを一種の「芸術家」として意識している証左といえるだろう）。

巨大なゴシック教会の煉瓦を作った職人（それは途方もない技術であったはずだが）は、決して「誰々作の煉瓦」などとサインはしなかった。それと同じように、中世のオルガヌムやモテットの作者の大半が、匿名である。レオナンとペロタンにしても、彼らが活躍した約一〇〇年後に書かれた音楽理論書の中に、「かつてノートルダム大聖堂でかくかくしかじかの巨匠が活躍していた」とたまたま書かれていたから名が残っただけである。中世の作曲家のうち、はっきり意識的に

Ⅱ－3　デュファイとバンショワの細密画。彼らは同時代人に描かれるほど高名だった。「巨匠ギヨーム・デュファイ　バンショワ」という文字が見える。「作曲家」の概念が成立するのはこの頃からである。

自分の名前を後世に残そうとしたのは、たぶんマショーだけだといっていいだろう。彼は相当に自意識の強い人で、生前に自分の作品集をまとめて出版したが、これは当時としてはきわめて例外的なことだった（逆にいえば、マショーほど自意識が強くなかったせいで、後世に名が残らなかった素晴らしい作曲家がいたかもしれないのである）。

それに対してルネサンスになると、自作に署名をする作曲家が激増する。デュファイ、バンショワ、ビュノワ、オケゲム、イザーク、オーブレヒト等々。この状況は、作曲家名を挙げたくとも挙げるべき名がほとんど残っていない中世と、あまりにも好対照である。それはつまり、ルネサンスに入ると作曲家の間に、「自分は他の誰とも違う！」という個人の意識が、まだ萌芽ではあっただろうが、少し目覚めてきたことを示唆するのだろう。

美術史の分野では、こうしたルネサンスの芸術家の「自意識の目覚め」を語るエピソードに事欠かない。ヴァザーリによれば、ドナテロは注文された胸像が仕上がった際に、その値段が高すぎると文句をいった注文主の商人の前で、それを叩き壊したという。これは「芸術家は日当で報酬を受ける普通の職人ではない！　彼が作るものは通常の商品とは違う！」という教訓であろうか。

音楽史の場合、こうした逸話は美術史ほど豊富ではない。つまり芸術家の自立が、それだけ遅れたということだろう。それでもグラレアヌスという理論家は、オーブレヒトやジョスカンやピエール・ド・ラ・リューの作品を、古代および同時代の偉大な詩や美術（オウィディウス、ウェルギリウス、ホラティウス、ミケランジェロ、ラファエロ、ティツィアーノら）に匹敵するものと述べたし、特にジョスカンの作品については「完璧な技芸《アルス・ペルフエクタ》」という表現でそれを絶賛した。一五四七年のことである。このジョスカンについては、「作曲は迅速だし従順で多くの新しい曲を作るイザークと比べ、ジョスカンは人から頼まれても気が向いた時しか作曲しない。ジョスカンは二〇〇ドゥカートを要求するが、イザークは一二〇ドゥカートで承諾する」という、その「芸術家」としての自意識の高さを裏づける同時代の証言が残っている。

また「作曲家」の誕生と並んで、「作品」という概念が人々の意識に上りはじめるのも、この時代のことである。そのドキュメントとして有名なのが、リステーニウスの理論書『ムジカ』（一五三七年）であり、ここで彼は「ムジカ・ポエティカ」という概念を持ち出した。これは簡単にいえば「作曲法」のことであり、リステーニウスはそれを「完成された閉じた作品を作ること」「作者の死後も残るような完全で独立した作品を作ること」と定義している。単にその場を楽しませるだけではなく、後世にまで残る「作品」としての音楽を作るという意識が、この時代から生まれてきたのである（とはいえ、この理念が完全に実現されるのは、一九世紀になってからであるが）。

こうした「作曲家」および「作品」の概念が成立するには、同時代の造形芸術の分野で次々に現れた万能の天才たちの影響もあっただろうが、ルネサンスの時代に発明された新メディアの誕生も深く関係していたと思われる。印刷技術の発達である。商業的な楽譜印刷を初めて行なったのはヴェネツィアのペトルッチ（一四六六―一五三九年）で、一五〇一年のことである。それ以後ヨーロッパ各地に続々と出現した印刷業者たちは、競って作曲家の名前を表紙に印刷するようになった。印刷楽譜によって個人の名（名声）が以前とは比較にならないくらい広範囲に広まることにもなったのである。『作曲家』とは『楽譜』に刷られて後世にまで残る『作品』を作る人のこと」というイメージの最初の萌芽は、この時代にある。

膨張する音楽史空間と一六世紀

同じルネサンスといっても、一五世紀と一六世紀とでは相当に時代相が違っている。たとえばボッティチェリやダ・ヴィンチをミケランジェロやティントレットと比べてみれば、新世紀に入っていかに時代の気分が変わったか、すぐに実感できるはずだ。かつての静けさを湛えた完璧な美しさはもはやなく、ほとんど劇画的な力の誇示が前面に出てくる。美よりも迫真力、調和と優美よりも動きの激烈さが重要になってくるのである。これは同時代の政治状況と決して無関係ではなかっただろう。ヨーロッパの一六世紀は激動の時代だった。地球は丸くて回っていることが証明され、大航海時代が始まる（コロンブスのアメリカ到達が一四九二年、マゼランの世界一周が一五一九―二二年である）。西洋世界は外へ向けて爆発的な膨張を開始し、それによって莫大な富がもたらされるようになる。向こう見ずな冒険家ならではの、力の誇示と暴力的な陶酔、ドラマチックなものへの好み、無限の彼方へ飛び出して行こうとする途方もない衝動といったものは、芸術にも影響を及ぼさずにはおかなかった。

一六世紀はまた宗教改革の動乱の時代でもあった。ルターが『九五箇条の論題』を公にしたのが一五一七年。やがてドイツではこれがきっかけで農民戦争となり、国中が焦土と化す。残忍なスペイン王は植民地オランダに徹底的な弾圧を加えたし（これはヴェルディのオペラ《ドン・カルロス》の素材になった）、フランスでも一五六二―九八年にかけてユグノー戦争が起きる（これはマイヤベーアのオペラ《ユグノー教徒》の素材である）。カトリック教会は風紀引き締めに乗り出し（トレントの公会議が一五四五―六三年）、イエズス会をはじめとする戦闘的な宗教団体が組織され、宗教裁判が強化される。ラッソーの厳かで壮大な響きや、ジェズアルドの不協和音の威嚇的な表現などは、強硬な反宗教改革運動を連想させずにはおかないだろう。これらの作曲家を一五世紀のジョスカンと比べるなら、その様式の違いはあまりにも明らかなはずである。

一六世紀の音楽史をひとことで形容するならば、それは「多元化」ということに尽きる。

中世が分かっていることのあまりにも少なすぎる時代であるとすれば、一六世紀に入ると、分かっていることだけでもすでに多すぎる、そんな時代に音楽史が突入するのである。そもそもこの時代になると、音楽ジャンルがおそろしく多様化しはじめる。ごくかいつまんでいえば、まず器楽曲が大量に書かれるようになる。チェンバロの前身であるヴァージナルや、リュートや、オルガンのための作品、あるいはガブリエリらヴェネツィア楽派が得意にした華麗な管楽合奏などが、それである。中世からルネサンス前半にかけては声楽が芸術音楽の中心だったのに対して、器楽文化の爆発的な勃興がバロック以後の特徴なのだが、一六世紀はちょうどその移行期にあたるといえるだろう。もう一つ重要なのが、「マドリガーレ」と呼ばれる声楽ジャンルの流行である。これは世俗的な歌詞（イタリア語）による合唱曲で、内容は諷刺的だったりドラマチックだったり田園的だったり官能的だったりする。このマドリガーレはとりわけ一六世紀末にきわめて前衛的な音楽ジャンルとなり、後述するように、音楽のバロックはここから生まれてきたといっても過言ではない。

フランドル楽派からイタリアへ

一六世紀に入るとヨーロッパの音楽文化は、地域的にも爆発的な膨張をはじめる。スペインでは宗教合唱曲を得意としたビクトリアとモラレスが登場するし、後のバロック音楽にとって重要な宮廷舞踏の数々がここで生まれた。イギリスでもギボンズやダウランドやタリスやタヴァナといった有力な作曲家が現れ、ヴァージナル音楽（グールドの素晴らしい録音で有名になった）が栄えた（図Ⅱ－4）。ドイツにおける独自の音楽文化の目覚めも重要である。それに際して大きな役割を果たしたのがルターで、ジョスカンの崇拝者だった彼は、宗教における音楽の意義を重視し、カトリック教会におけるグレゴリオ聖歌にあたるものをプロテスタント教会にも作り出す必要を強く感じていた。こうして生まれたのがコラールである。どことなく神秘的なグレゴリオ聖歌（歌詞はラテン語）に対して、宗教改革の意図に則り、あらゆる階層の人々に広く口ずさまれることを目的としたコラールは、民謡のように親しみやすく暖かなトーンが特徴である（歌詞はドイツ語で、一部は民謡編曲である）。このコラールが、後にバッハで頂点に達するところの、ドイツ・プロテスタント音楽文化の土台となる。

Ⅱ－4　ティツィアーノ『田園の奏楽』（1510－11年）。**16世紀に入ると、楽器を演奏する人々を描いた絵画が数多く制作されるようになる。**

だが後の音楽史にとって何より重要なのは、この時代のイタリアにおける動きだろう。すでに述べたように、中世はフランス、ルネサンス前期はフランドル楽派が、それぞれヨーロッパ芸術音楽の中心だったわけだが、一六世紀になると音楽史の主導権がイタリア人の作曲家に移るのである。これ以後バロック時代にかけて、イタリアはヨーロッパの音楽の中心であり続ける（バッハとヘンデルの名があまりに大きすぎるのでつい錯覚しがちだが、バロックもまた「イタリア音楽の時代」である）。

まず、一五世紀を代表するジャンルだった無伴奏宗教合唱曲の伝統は、一六世紀に入るとイタリア人によって受け継がれるようになる。その代表が有名なジョヴァンニ・ダ・パレストリーナ（一五二五－九四年）で、彼の音楽はトレントの公会議においてカトリック側の宗教音楽の理想として称揚されただけでなく、後々まで対位法の規範として長く作曲法の手本にされた。パレストリーナの作品は——あまりにも滑らかすぎるきらいがあるが——どれも比類のない優美さを誇っている。

パレストリーナはカトリックの総本山ローマで活躍した人だが、一六世紀の最も重要な音楽都市といえばヴェネツィアを挙げなければならない。十字軍に際してヴェネツィアは、東西貿易により巨万の富を蓄えることになった。このヴェネツィアが文化の成熟期を迎えるのが一六世紀であり、美術ではベルリーニやジョルジョーネやティツィアーノやティントレットといった画家たちが、ここで活躍した。そして音楽でも、この時代に「ヴェネツィア楽派」と呼ばれる独得のスタイルが開花することになる。その代表的な作曲家といえばジョヴァンニ・ガブリエリ（一五五七?―一六一二年）だろう。彼の金管合奏曲は演奏効果満点のきわめて壮麗なもので、今でもブラスバンドなどでよく取り上げられるから、ご存じの人も多いはずである。このガブリエリをはじめとするヴェネツィア楽派の最大の売り物が、有名なエコー効果である。

Ⅱ-5　華麗な金色のモザイクで彩られたヴェネツィアのサン・マルコ寺院は、二つの合唱隊席を備えていることで有名だった（写真の右奥と右手前の、それぞれ柱で支えられて高くなっている壇のようなところ）。**合唱を二箇所に分けて置くことで、一種のステレオ効果が生み出された。**

ヴェネツィア楽派の中心は東方的な華麗な金色のモザイクで有名なサン・マルコ寺院で、多くの曲がこの教会での上演を目的として作曲された（図Ⅱ-5）。実際に訪れればすぐに分かるのだが、この教会には二台のオルガンと二つの合唱隊席が備えられている（普通の教会には一つしかない）。そしてヴェネツィア楽派の作曲家たちは、別の席に置かれた二つの合唱が互いにエコーで呼び交わすような効果を、フル活用したのである。一箇所に音源（合唱やオルガン）を置く普通のやり方がモノラル録音だとすれば、ヴェネツィア楽派がやりはじめたことはステレオ効果にたとえられようか。後のベルリオーズの《ロメオとジュリエット》やマーラーの《交響曲第二番》のような、客席などに音源の一部を配する手法の先取りともいえるだろう。モンテヴェルディの大傑作《聖母マリアの夕べの祈り》（一六一〇年）もこのスタイルによる典型的な作品で、サン・マルコ寺院で録画されたエリオット・ガーディナーの演奏映像（DG）を見れば、聖堂内部のさまざまな位置に合唱や楽器を配するヴェネツィア楽派のやり方を、視覚的にも堪能できるはずである。

後期ルネサンスに限らずバロック以後も、ヴェネツィアほど長きにわたって音楽家たちに霊感を与え続けた都市を、私は他に知らない。今挙げたモンテヴェルディばかりではない。バロック時代に入るとヨーロッパ初のオペラ劇場がここに建てられた。ヴィヴァルディが活躍したのも、この街の孤児院である。一九世紀になって、ロッシーニがオペラ作曲家としてのキャリアを開始したのもここで、特に《タンクレディ》はヨーロッパ中にセンセーションを巻き起こした。ヴェルディが《ラ・トラヴィアータ》などを作曲したのもヴェネツィアのフェニーチェ劇場のためだった。ワーグナーが亡くなったのもここだし、オッフェンバッハ

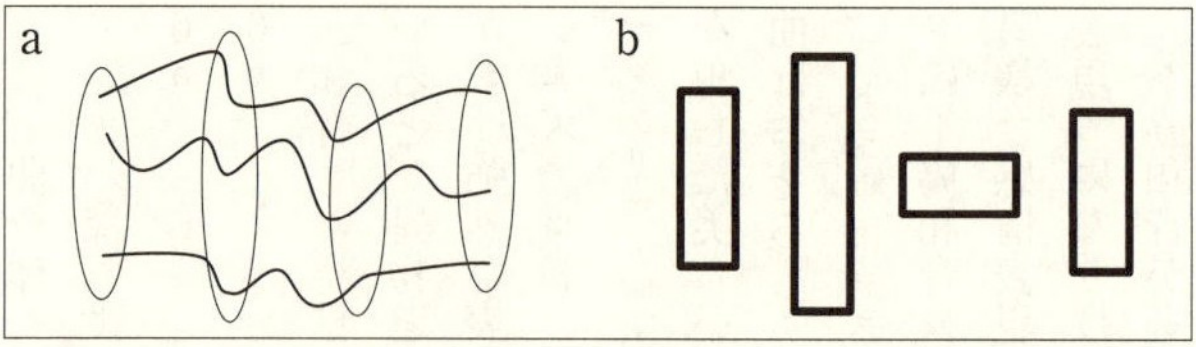

Ⅱ－6　a：15世紀には横の線を束ねる紐のような役割しかまだなかった和音だが、b：16世紀に入ると和音の柱が非常に目立つようになってくる。

の《ホフマン物語》の有名な「舟歌」やメンデルスゾーンの〈ヴェニスの舟歌〉（《無言歌第一巻》六）など、この都市に霊感を受けた曲は数知れない。ディアギレフもヴェネツィアで亡くなり、盟友ストラヴィンスキーは自らの希望でここに葬られた。日本では「音楽の都＝ウィーン」というイメージがあまりに強いが、私はヴェネツィアこそがヨーロッパの音楽の都だと、あえていいたい。

「サウンド」と「不協和音」の発見――バロックへ

「ジャンルと地域の多元化」以外に、純粋に技法上の一六世紀音楽の特徴を一つ挙げるとすれば、それは「サウンドの発見」ということになるはずだ。ラッソーやガブリエリなど、この時代を代表する作曲家の作品を何か聴いてみよう。ここでは音楽は、一五世紀のように「滑らかないくつもの横の流れがうねりになって柔らかく溶けあう」のではなく、むしろ「壮大な柱がいくつも並んでいる」ように聴こえるはずである。柱とはつまり和音のことであって、音楽の垂直軸がいやがうえにも目立つのである。一五世紀の合唱曲では和音は、曲全体に柔らかい色調を与える「背景」であり、同時に、横の線がばらばらにほどけてしまわないよう要所でそれらを束ねておく「紐」のようなものであったとしよう（図Ⅱ-6a）。それに対して一六世紀音楽では、和音が建物を支える「柱」になるのである（図Ⅱ-6b）。

「和音」の発見は「不協和音」の発見と同義でもある。和音から外れた音がそこに混ざっていると、異物として非常に目立つ。つまり不協和に聴こえるのである。一六世紀は不協和音がもつ強烈な表出効果に、人々が初めて気づいた時代でもあった。たとえばドン・カルロ・ジェズアルド（一五六一？―一六一三年）の宗教作品（ヒリヤード・アンサンブルによる《レスポンソリウム》の素晴らしい録音がECMから出ている）。ナポリ近郊の貴族だった彼は、不貞を犯した美しい妻を殺し、数奇な生涯を送ったことで知られる神秘的な人物だが、その合唱曲はおそろしく前衛的な不協和音を駆使し、時としてほとんど無調に聴こえるほどである（ストラヴィンスキーもジェズアルド作品に魅了されて、いくつかの編曲を残した）。ジェズアルドは不協和音（半音階）の効果を最大限に利用して、懺悔《ざんげ》と拷問の苦痛を連想させるような異様な感情表現を行なった。つまり音楽は「美（協和したもの）」から「（不協和が象徴する）表現」になりはじめたのである。

不協和音がもつ表現力を徹底的にきわめたもう一人の作曲家が、クラウディオ・モンテヴェルディ（一五六七―一六四三年）である。ベートーヴェンやシェーンベルクと同じように、彼もまた二つの時代の間にまたがっている音楽史の巨人の一人である。彼はルネサンス的な世界から出発し、それを解体し、まったく新しい時代の扉を開いた人であって、その壮大な実験場となったのがマドリガーレというジャンルである。

前にも述べたように、マドリガーレとはイタリア語による世俗的な合唱曲なのだが、音楽的にはもともとモテットとあまり変わりなかった。つまり滑らかな旋律が幾重にも重なり合う合唱曲であって、モテット（この場合の「モテット」とはあくまでルネサンスのそれであり、中世のモテットではない！）との違いは、単に歌詞内容が世俗的である点だけだったといっても過言ではないのである。ただし歌詞は相当に官能的なものが多く、このジャンルの開拓者の一人ルカ・マレンツィオ（一五五三―九九年）には、次のような歌詞もある。「ティルシは好きな女の瞳を見つめながら死にたかった。同じように彼に熱をあげる女も言った、『ねえ、あなた、ああ、まだ死なないで、私も一緒に死にたい』。ティルシは死にたいのをこらえた」（《五声のマドリガーレ集第一巻》〔一五八〇年〕より「ティルシは死にたがった」）。古代ローマ風の田園詩の装いを借りてはいるが、ほとんどポルノまがいの歌詞であることが分かるだろう。こうしたマドリガーレの歌詞――それはドラマチックだったり官能的だったり諷刺的だったりする――を、音楽によって激越なまでにリアルに表現しようとしたのが、モンテヴ

Ⅱ－7　ヴェネツィアで出版されたモンテヴェルディの《マドリガーレ集第一巻》の楽譜。楽譜印刷が盛んになるとともに、作曲家の名前が表紙に大きく刷られるようになる。それは作曲家にとって何よりの宣伝になっただろう。

ェルディである（図Ⅱ－7）。

新しい時代へ向けての決定的な一歩を告げるモンテヴェルディの作品が、《マドリガーレ集第四巻》（一六〇三年出版）と《同第五巻》（一六〇五年出版）である。これらは一応従来の無伴奏合唱曲のスタイルを守っているように見えるが、不協和音や半音階を非常に頻繁に用いている。いうまでもなく歌詞内容の表出力を強めるためだ。このモンテヴェルディの過激な感情表現は、保守派の激しい反発を招いたのだが、この論争こそがバロック時代の幕開けを告げるものであった。

音楽史のルネサンスの終焉をおよそ一六〇〇年前後のことと見なす点で、音楽史家の意見はほぼ一致しているが、その際に必ず引き合いに出されるのが、モンテヴェルディをめぐるこの新旧論争である。一六〇〇年にジョヴァンニ・マリア・アルトゥージ（一五四〇―一六一三年）という保守派の理論家が、モンテヴェルディがあまりに不協和音を多用しすぎることを非難したのだが、これに対してモンテヴェルディは、一六〇五年に出版された《マドリガーレ集第五巻》の序文で次のように反撃した。つまり保守派の人々が振り回す規則は、オケゲムやジョスカンからヴィラールトに至る音楽（盛期ルネサンスの優美な無伴奏合唱曲）にのみ当てはまる。これらの音楽では、歌詞内容よりも音楽の響きの美しさや調和が優先される。それに対して自分は、言葉が音楽を支配するような音楽を書くのだ、と。こう述べてモンテヴェルディは、従来の音楽のスタイルを「第一のやり方《プリマ・プラッティカ》」、自分が切り開いた新しいスタイルを「第二のやり方《セコンダ・プラッティカ》」と呼んだ。彼の音楽に対する考え方（セコンダ・プラッティカ）は、一種のリアリズムだったといっていいだろう。つまり歌詞内容のドラマチックな表現のためなら、どれほど型破りな不協和音を使っても構わないというわけである。

論争を引き起こしたマドリガーレ集の第四巻や第五巻を今日聴いても、いったいこれらの不協和音のどこがそんなに耳障りだったのか、想像することは難しいかもしれない。だがこれらの曲を、それこそ保守派のアルトゥージが信奉していたジョスカンと聴き比べれば、きっと多くの聴き手がモンテヴェルディを「何だかあまり美しくない」と感じるはずである。まさにこの微《かす》かな「耳障りな感じ」こそが、同時代人にとってはルネサンスからの訣別を意味したのである。現代の聴衆にとっては、有名な「タンクレディとクロリンダの戦い」を含む《マドリガーレ集第八巻》（一六三八年）あたりを聴く方が、より直截《ちょくせつ》に「ルネサンス的なもの（プリマ・プラッティカ）」と「バロック的なもの（セコンダ・プラッティカ）」との違いを理解できるかもしれない（この第八巻はもうすでに音楽的には完全にバロックに入ってからの作品なのだが）。これらの曲集を、試しに歌詞を見ずに聴いてみてほしい。それがユーモラスなものなのか、嘆きなのか、官能的な内容なのか、勇ましい場面なのか、音楽を聴いただけですぐに分かるはずだ。音楽によって歌詞内容がリアルに賑々《にぎにぎ》しく表現されているからである。音楽が言葉の情動的な内容を表出する。まさにこれこそが、ルネサンスが知らなかった「第二のやり方」であり、バロック時代への扉だったのである。

第三章　バロック――既視感と違和感

バロック音楽の分かりやすさと分かりにくさ

ヴィヴァルディ（一六七八―一七四一年）の《四季》、ヘンデル（一六八五―一七五九年）の《メサイア》や《王宮の花火の音楽》、バッハ（一六八五―一七五〇年）の《インヴェンション》や《シャコンヌ》や《トッカータとフーガ》……。多くの読者にとってバロック時代とは、よく知っている作曲家や作品が次々に登場してくる、音楽史で最初の時代である。初めて耳にする人名が大量に出てくるルネサンスまでと違って、ここにはなじみの「大作曲家」がいて、聴き慣れた「名曲」がある。ジャンル（楽器編成）の点でも、鍵盤独奏曲とか協奏曲とか管弦楽曲とかオペラなどが初めて登場してくるのが、バロック時代だ。ラテン語で歌われるグレゴリオ聖歌の上に俗語の旋律をつけるとか（中世後半）、中心ジャンルが無伴奏合唱曲であるとか、俗謡から借りた定旋律でもってミサを書く（ルネサンス）といった、現代人にとってなかなかピンと来ないような事柄は、この時代に入るともはやほとんど起こらない。バロック音楽の特質の一つは、われわれにとってのこの「既視感《デジャ・ヴュ》」である。

実際の響きやリズムの点でもこの時代は、われわれの感覚に急速に近づいてくる。一例を挙げるなら、バロックになると曲は例外なしにキチンと「ドミソ」の和音で終わる。中世においては「ドミソ」の和音はほとんど用いられず、現代人の耳にはキンキンした不協和な響きに聴こえる「ドソ」の響きばかりが用いられていたことは、先に述べた。中世末期からルネサンスにかけて、響きに暖かさをもたらすミの音を加える試みが、少しずつためらいがちに行なわれるようになっていったのは確かである。しかしながら、すべての音楽が――われわれにとっては自明のことだが――例外なしに「ドミソ」で閉じられるようになるのは、ルネサンス末期ないしバロック初期からのことなのである（ついでにいえば、「ドミソ」で閉じられる「明るい」曲〔長調〕と「ドミ♭ソ」で閉じられる「暗い曲」〔短調〕とに音楽が二分されるようになるのも、バロック以後のことである）。

リズム面でいえば、「拍子感」とでもいうべきものは、現代の人間にとってほとんど自明になっている。「音楽には必ず拍子がある（四分の四拍子とか四分の三拍子とか八分の六拍子など）」、そして「必ず一拍目に強い拍が来て、それに比べて二拍目や三拍目は弱い（三拍子なら強弱弱、四拍子なら強弱強弱など）」。われわれはこう信じて疑わない。拍子感がうまく表現できない人は音痴呼ばわりされかねない。だが中世やルネサンス音楽の大半は、何拍子か分からない（分かる必要もない）ものがほとんどだった。パレストリーナの無伴奏合唱曲を、行進曲よろしく「強弱強弱」とアクセントをつけて演奏したりしたら、目もあてられないことになるだろう。こうしたルネサンスまでの拍子感がはっきりしないなだらかな律動の流れに代わって、強拍と弱拍とが周期的に交替するリズムが音楽を徐々に支配しはじめるようになるのも、バロック以後のことなのである（ただしバロックはまだ過渡期であって、この強拍と弱拍の交替から自由な作品も多いが）。

大作曲家と名作、なじみのジャンル、三和音、長調／短調の区別、拍子感。バロックは、われわれが音楽の基本ルールだと考えているもろもろの事柄が確立された時代である。別のいい方をすれば、歴史的理解という迂回路を経ずとも、ある程度直接的に（つまり聴いただけで）理解できる音楽が登場するのは、この時代以後のことだ。要するにバロックとは、「古楽（歴史上の音楽）」が「クラシック」になりはじめた時代なのである。

とはいえバロックの音楽史風景が、一八世紀末から一九世紀以後と比べて、まだどことなく漠然としているのは否めまい。思うにその原因の一つは、ビッグネームの少なさにあるに違いない。シュッツ、ブクステフーデ、アレッサンドロ・スカルラッティ、クーナウ、コレ

Passion. oratorio cantata

ッリ、テレマン等々。名前くらいは耳にしたことがある作曲家が無数にいる。だが彼らは果たして、近代的な意味での大作曲家なのか。それとも単なる歴史的意義の点で重要なだけなのか。

一九世紀以後の場合、そこには「文句なしの大作曲家」が何十人もいて、彼らによって音楽史という織物が編まれている。人々はベートーヴェンやシューベルトやワーグナーやドビュッシーやマーラーの「偉大さ」を、音楽を聴いただけで直接に感得できる。彼らは「歴史を超えている」。だが同時に、彼らの間の歴史上の相互関係も、何とはなしにイメージできるだろう。つまり一九世紀においては、歴史を超えた大作曲家たちが、同時に、歴史を織りなしてもいるのだ。対するにバロックは、こうした図式になかなかあてはまってくれない。そこには互いの区別もなかなかつかない群小作曲家が無数にいて、ところどころに「大作曲家」たちが孤立して立っているように見えるのである。「日付というものは、歴史という長大な綴《つづ》れ織りをかけるのにどうしても必要な釘である」といったのは美術史家のゴンブリッチだが、これをもじっていえば、バロックの場合は「歴史という綴れ織りをかけるのに必要な大作曲家という釘」の数が絶対的に不足しているのである。

ジャンルの問題も、バロック音楽史を分かりにくくしている要因の一つである。当時繁栄していたジャンルに、受難曲、オラトリオ、カンタータ、合奏協奏曲、トリオ・ソナタ、舞

Concerto grosso

踏組曲などがあるが、これらは一九世紀以後実質的に消滅したジャンルだといっていい。他方バロック時代には、交響曲や弦楽四重奏やピアノ・ソナタやリートといった、現代人にとって最もなじみ深いジャンルは、まだ存在していなかった。これらが確立されるのは一八世紀後半のウィーン古典派の時代であり、以後引き続き現代に至るまで、それらは途切れることなく演奏会のメインディッシュであり続けている。つまり交響曲や弦楽四重奏が「現代へと連続的に続いているジャンル」としての「近代」であるのに対して、カンタータやコラール変奏曲は「現代との間に断絶があるジャンル」としての「前近代」なのだ。バロックは近代と前近代とが雑然と同居している時代である。ところどころでよく見知った風景に出くわすのだが、その隣りにまったくなじみのない風景が広がったりしていて、そのせいで方向感覚が狂い、遠近感がうまくつかめない時代。われわれに近いのか遠いのかよく分からない時代。それがバロックである。

絶対王政時代の音楽

音楽様式の点でもバロックは、なかなか統一的な全体像を結んでくれない。「バロックといわれればバッハ、バッハといえば宗教音楽やフーガ」という連想をする人は多いだろうが、同時にバロックは、宮廷のための贅を凝らしたBGM的な音楽（リュリ、ヴィヴァルディ、ヘンデル、テレマン等々による）が大量に作られた時代でもあった。あるいは音楽史の本では「バロックの始まり＝オペラの誕生」という書き方をしているものが多いが、カストラート（去勢された男性ソプラノないしアルト）などというスターを主役にしたバロック・オペラの倒錯した絢爛豪華さが、バッハの厳粛な宗教音楽といったいどう関係しているのか、ピンと来ない人も多いだろう。またバロック初期のモンテヴェルディと後期のテレマンとを聴き比べても、あまりにスタイルが違いすぎて、これらがなぜ同じバロックの作曲家とされるのか、なかなか要領を得ないだろう。統一的なイメージに収斂《しゅうれん》させることなどほとんど不可能なこの多産と多彩こそ、バロック音楽の本質なのかもしれない。

こんな時代相にあえて通す最初の物語の糸として、ここではまず「絶対王政時代の音楽」ということについて考えてみたい。音楽のバロックは普通、一六〇〇年前後から一七五〇年前後までの時代とされることが多い。つまり第二章で述べたモンテヴェルディをめぐる論争（一六〇〇－〇八年）がバロックの開始を、そしてバッハの死（一七五〇年）がその終わりを示す年号とされるわけである。そして政治的にはこの一世紀半は、いわゆる絶対君主（そして一六世紀に引き続いての新しい航路の開拓と海外植民地の形成）の時代とほぼ重なっている。

この時代の王侯貴族は、自分の富と権威を誇示すべく、競って巨大な宮殿を建てた。モデルとなったのはルイ一四世のヴェルサイユ宮殿だ。そこでは毎日のように祝祭が行なわれ、

castrato

Ⅲ－1　チェスティの祝祭オペラ《金の林檎》が、1668年にウィーンで上演された際の光景。国王の権力誇示を目的とするバロック時代の宮廷祝祭の頂点に位置したのが、オペラ上演だった。浪費の限りを尽くした絢爛豪華たるスペクタクル。

花火大会や馬上試合や舞踏会や晩餐会やバレエやオペラといったスペクタクルが、惜しげもなく提供された。利那的な富の浪費こそが、絶対的王権の証しだった。リヒャルト・アレヴィンの『大世界劇場』によれば、「バロックにおいては、消費と作用の不均衡を味わい尽くすような、浪費への嗜好があった。数か月、ときには一年が長い用意のうちに経過した。王は願望を述べ、芸術家たちは構想を提出し、役人たちは計算し、委員会では協議が行われた。手職人の一隊、大工、画家、仕立屋、庭師、料理人が動員された。〔中略〕数千人の労働者が一〇万時間働いた、――それもおそらく一夜のうちに浪費されるためであった」（円子修平訳）。そして――花火、衣装、食事、建築、噴水、庭園、芝居、踊りなどと並んで——こうした壮大な祝祭（それはすでにルネサンス末期に始まっていたが）を演出するために欠かせない小道具の一つが、音楽だったのである（図Ⅲ-1）。

バロック時代において音楽がいったいどんな意味をもっていたかを想像することは、中世やルネサンスよりはるかに難しいように思う。大まかにいえば、中世からルネサンスへ向けての西洋音楽史は、「宗教から生まれた音楽が、徐々に裕福な貴族のための快適な楽しみへ移行していくプロセス」として理解できるだろう。そしてバロックよりも後を先取りしていうなら、一八世紀末以後の音楽は「ブルジョワの楽しみ」となり、「音楽を音楽（音楽芸術）として聴く」という態度もそこから生まれてきた。「楽しみとしての音楽」とか「芸術としての音楽」についてはいうまでもなく、「宗教のための音楽」も、決して現代人にとって想像のつかないようなものではない。だが「王の祝典のための音楽」は？　たった一人の王の栄光を称えるために、国中の富を注ぎ込んで催される祝典とは、いったいどんなものだったのか？　ただ自分だけのために、国の財政が破綻するような祝典を催させ、それを眉一つ動かさずに平然と受け入れられる人間の感覚は、いったいどうなっていたのか？　「王権を飾り立てる祝典」としての音楽のありようは、現代人の理解の範疇をはるかに超えている。

しかもバロック音楽を一層分かりにくくしているのは、当時の音楽の多くが祝典のためのBGMとして作られたという点である。しかるに今日われわれが体験できるのは、宮殿や庭園や花火や噴水や食事や舞踏会といった本来の文脈から切り離された、「音楽そのもの」だけでしかない。王の晩餐会に招かれ、選り抜きの食卓音楽が響く中、数時間におよぶ食事をとり、それからやおら宮廷内の目も眩むような装飾を施されたオペラ劇場へ場を移し、人気

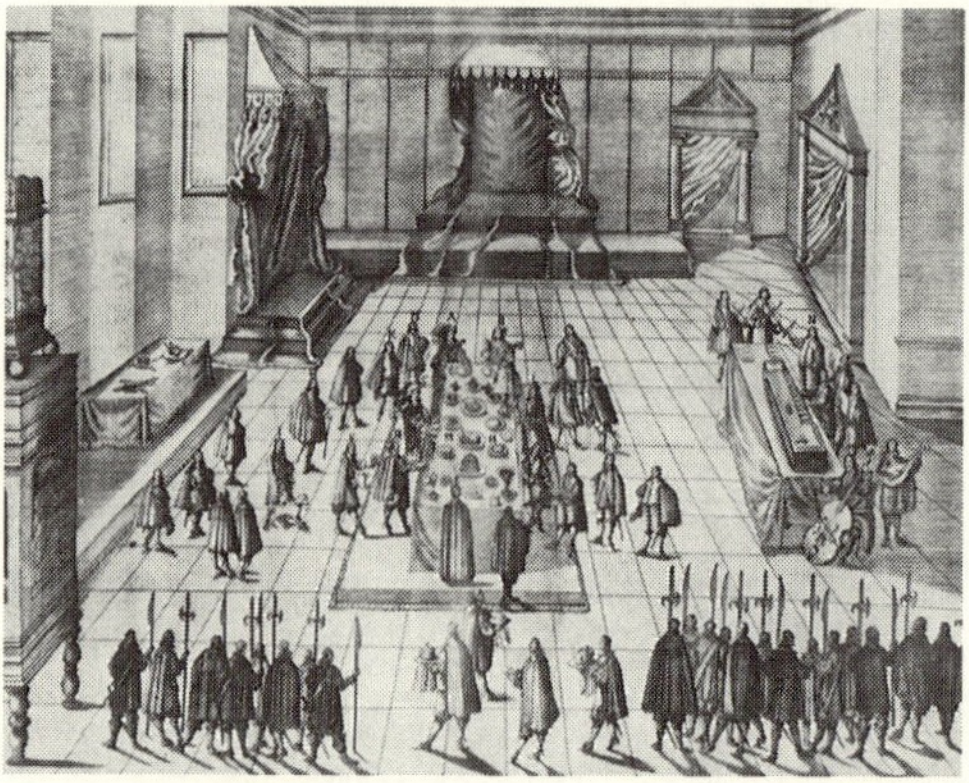

Ⅲ－2　1652年に描かれたウィーン宮廷の晩餐会の様子。右手の楽師たちが食卓音楽を奏でている。バロック時代の器楽合奏曲の多くは、こうした機会のためのＢＧＭだった。

Ⅲ－3　1731年にドレスデンの宮殿で行なわれた祝祭。この「花火と庭園の噴水が奏でる協奏曲」は、さぞかし見ものだっただろう。当然そこでは音楽も奏でられていたはずだ。バロック時代のオペラは、ほとんど常にこうした祝祭とセットで上演されていた。

カストラートの声を夜更けまで堪能し、その後で庭に出て、噴水をバックに花火を楽しむ（その時もバックでは「王宮の花火の音楽」が鳴っていたことだろう。図Ⅲ-2・3）……。こんな体験を、われわれはもはやすることはできないのである（ちなみにバロック祝典のイメージを得るうえで、ジェラール・コルビオ監督の映画『カストラート』と『王は踊る』は非常に参考になる）。いずれにせよ、食卓音楽、舞踏音楽、狩猟音楽、サロン音楽、子女のお稽古のための鍵盤音楽（スカルラッティの鍵盤ソナタなど）、果ては葬儀のための音楽（シュッツの《ムジカーリッシェ・エクセクヴィエン》など）に至るまで、この時代の宮廷ではありとあらゆる場面で音楽が奏でられていた。こうした王侯生活を彩るバロック音楽の頂点が、オペラである。

オペラの誕生――ドラマになった音楽

端的にいえば音楽のバロックは、オペラの誕生とともに始まる。オペラはもともと古代ギリシャ悲劇を復元しようとするフィレンツェの好事家たちの試みとして生まれたのだが、このジャンルを不動のものとして確立したのは、モンテヴェルディの有名な《オルフェオ》（一六〇七年）だった。以後バロック時代全体を通して、ヨーロッパ中で無数のオペラが作られることになる。

現代のオペラ劇場のレパートリーの大半はモーツァルト以後であり、上演に際しての困難

Monteverdi
Orfeo

（カストラートを主役としていたことなど）もあって、今日バロック・オペラを劇場で体験できる機会は——以前より増えてきたとはいえ——まだまだ少ない。だがバロック時代こそは、最も大量にオペラが作られたその黄金時代であり、バロックとオペラはほとんど同義だといっても過言ではない。

バロックとは「音楽がドラマになった時代だ」といってもいい。響きの調和を重視する従来のルネサンス音楽に対して、モンテヴェルディが歌詞内容の劇的な表出を目指す自分の音楽を対置させたことは、第二章で述べた。モンテヴェルディの後期マドリガーレ（特に第八集）は、どれもオペラの一場面のように響く。この「ドラマとしての音楽」こそ、音楽のバロックの幕開けを告げるものだった。オペラだけではない。オラトリオは宗教的題材による舞台のないオペラともいえるし、受難曲はキリスト磔刑の物語を主題にした一種のオラトリオである。また音楽による小さな教訓劇ともいうべきカンタータもある。これらもまた「音楽によるドラマ」であって、こうした劇的音楽の登場こそ、バロックをルネサンスから決定的に分かつものに他ならない。

ルネサンス的な調和した美とは対照的に、バロックにおいては英雄的でギラギラした効果が好まれる傾向があった。周知のようにバロックとはもともと「いびつな真珠」という意味であり、ルネサンスと比べた時のこの時代の美術の趣味の悪さを揶揄した表現だった。この

8 books of Madrigals

Ⅲ－4　イタリア・バロックを代表するベルニーニの『聖女テレサ』。宗教的題材であるにもかかわらず、ほとんど濡れ場を演じる女優のような表情をしている。この「演劇化」は音楽のバロックの特徴でもあった。

時代は、芝居がかったもの、壮大なもの、ヒロイックなものを愛してやまなかった。ヴェルサイユ宮殿は壮大な舞台であるし（その主役がルイ一四世だったことはいうまでもない。若い頃の彼は、リュリの音楽でバレエを踊った）、ベルニーニの有名な『聖女テレサ』（一六四四−五二年、図Ⅲ－4）はまるで女優のようなポーズをとる。あるいは（まだ一六世紀の作品とはいえ）ヴェネツィアのスクオーラ・グランデ・ディ・サン・ロッコのためにティントレットが描いた巨大なキリストの磔刑の場面（一五六四−六七年、図Ⅲ－5）。ここではキリストの十字架が今まさに綱で引き上げられようとしている。これを見ていると、群衆のどよめきや、綱を引く鈍い音や、キリストの呻《うめ》き声までもが聴こえてくるようだ。この作品はまるで、描かれたオペラの一場面のように見えないだろうか。この情景を生身の人間が原寸大の舞台装置を背景に演じれば、そして登場人物たちの情動を表現する壮

Ⅲ－5　ティントレットの描いた巨大なキリスト磔刑の場面（部分）。**まだ16世紀の作品ではあるが、ここにはすでにバロック時代のオペラ的空間感覚が予告されている。ここに描かれている人々を生身の人間が演じ、そこに音楽をつければ、もうオペラだ。**

大な音楽をそれにつければ、もうオペラは目の前である。モンテヴェルディの最高傑作《ポッペアの戴冠》（一六四二年）などを聴いてみてほしい（アーノンクール指揮のDVDが素晴らしい）。ここで描かれる背筋が凍るような愛憎の表現は、ルネサンスがまったく知らなかったものである。オラトリオではヘンデルの《メサイア》（一七四一年）と《マカベウスのユダ》（一七四六年）、受難曲ではバッハの《マタイ受難曲》（一七二九年）。これらこそバロックの「ドラマチックな音楽」の最高峰であろう。

この時代になると、音楽でもって喜怒哀楽を表現すべく、「音楽によるイディオム法」とでもいうべき語法がいろいろと開発されていくことも忘れてはならない。モンテヴェルディが《マドリガーレ集第八巻》の有名な「タンクレ

Judas Maccabaeus　Handel Messiah　Bach St. Matthew Passion

ディとクロリンダの戦い」で使った、「興奮」や「怒り」をあらわす激烈なトレモロ効果は、音楽によるこうした感情表現のイディオムの、最初の例の一つである。このように特定の音型を特定の情動《アフェクト》と結びつけるやり方は、とりわけドイツで発展した。「喜び」は大きな音程跳躍で、「苦痛」は狭い半音階（特に半音の四度）で、「嘆き」はすすり泣くような切れ切れの旋律で表現するといった手法は、シュッツやバッハの作品で無数に見られる。こうした音楽によるイディオム法（「音楽の修辞法」と呼ばれる）を最初にまとめたのはブルマイスターの『ムジカ・ポエティカ』（一六〇六年）という理論書だが、バロック後期の理論家マッテゾンも『完璧なる楽長』（一七三九年）の中で、愛、悲しみ、喜び、怒り、恐れ、勇気、絶望などに加え、希望、欲望、誇り、謙譲、頑固、嫉妬などを、音楽イディオムによって表現できる情動《アフェクト》として列挙している。バッハの《マタイ受難曲》などは、こうした音楽による情動表現の宝庫である。

ただし、ひと口に「音楽による喜怒哀楽の表現」といっても、バロックと近代（一八世紀の後半以後）とでは、性格が相当に違うものだったことを忘れてはなるまい。つまりバロック音楽の情動表現は多分に定型的なのである。そこでは「希望」「悲しみ」「勇気」「怒り」といったパターン化された情動が、右に少し説明したようなパターン化された音楽イディオムによって表現される。これは特にバロック・オペラについていえることで、情動内容の点でもその表現手段の点でも、誇張していえば、それらの多くはどれを聴いても似たり寄ったりに聴こえる（もちろんモンテヴェルディは偉大な例外だが）。トランペットのファンファーレを模倣した大きな音程の勇ましいアリア、ゆったりしたテンポで半音下降を多用した悲しみのアリア、トレモロや荒れ狂うコロラトゥーラ・パッセージによる復讐のアリアといった具合に、どの作品も同じ「型」をベースに作られているのである。こうした定型性の点でバロックの劇音楽は、どこか歌舞伎や人形浄瑠璃や京劇などと通じるところがある。ロマン派の作曲家が、どんな「型」にも収斂させることができない、名状し難い感情を追求してやまなかったのと、これは対照的だ。近代音楽を基準に聴くと、バロック音楽の情動表現が多分に生硬に響くとしたら、その理由はこのあたりにある。なお「音楽による情動表現」は主としてバロックの劇音楽の特徴であって、器楽曲にはあまり当てはまらない。当時の器楽に求められたのは総じて「快適なＢＧＭ」としての機能であり、器楽曲までもが本格的な感情表現の媒体になりはじめるのは、一九世紀以後のことである。

モノディと通奏低音

この時代の音楽は、社会機能的には「絶対主義時代の宮廷生活」によって、美学的には「情動表現」によって特徴づけられるが、作曲技法の点ではバロックは「通奏低音と協奏曲

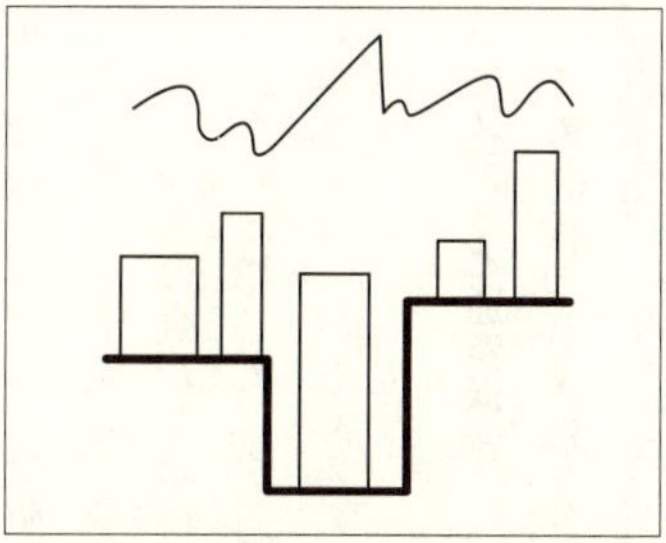

Ⅲ-6　通奏低音（太線）**と和音が音楽を支え、その上に旋律**（細線）**が飾られるというタイプの構造が、バロック音楽には非常に多かった。**

の時代」と定義されることが多い。まず通奏低音についていえば、一六世紀に入って音楽が急速に対位法的なものから和声的なものに変化しはじめることは、すでに述べた。「いくつもの横の流れが絡み合う」のではなく、「和音の柱がいくつも並んでいる」タイプの音楽が主流になるわけだ。通奏低音はこの傾向の延長上に生まれた。

通奏低音とは、文字どおり曲を最初から終わりまで一貫して支えていく低音のことであり、オルガンやチェロやチェンバロによって演奏される。この低音パートの楽譜には随時コード名をあらわす数字が書かれ（4とか6とか7など）、通奏低音を受け持つ奏者はそれを見ながら即興的に和音を補塡していく。この土台の上に旋律がのせられるのである（図Ⅲ-6）。この通奏低音は、ジャズにおけるベースおよびピアノの役割とよく似ている。ピアノの左手およびそれを補強するベースが曲の土台を作り、ピアノの右手がコードを埋めていき、その上にサックスやトランペットといったソロ楽器が自由に遊ぶ――あれと原理はまったく同じなのである。

この通奏低音の原理は、オペラの誕生と不可分に結びついている。第二章で述べたように、オペラは古代ギリシャ悲劇を復興しようとする一六世紀のフィレンツェの好事家（カメラータと呼ばれる）の試みの中から生まれた。彼らはギリシャ悲劇が歌われる劇だったと考え、その復元のために新しい劇的歌唱法の可能性を模索した。なぜなら、既成の音楽語法（要するにルネサンスのそれ）では、ドラマのための音楽を作ることは不可能だったからである。ジョスカンかパレストリーナの合唱曲を何でもいいから聴いてみてほしい。こういうタイプの音楽を使ってドラマを作ることなど、絶対にできないことが分かるはずである。

第二章で述べたモンテヴェルディ論争の焦点も、まさにこのことだった。そもそも盛期ルネサンスの音楽は「響きの調和」を至上の目的としており、歌詞内容のリアルな表現には向いていなかった。「生々しい表現」と「美しさ」とは両立しないことの方が多いのだ。しかも対位法の音楽では（輪唱《カノン》を想像してもらえればよく分かると思う）、あるパートだけが突出していては音楽にならない。すべてのパートが順々に同じ歌詞旋律を歌うわけだから、常に響きがまろやかに溶けあうように、均質さを心掛けねばならない。誰か一人だけが主役気取りで気分のおもむくまま歌うなどといったことは、ここでは不可能なのだ。こうした対位法的な音楽に見切りをつけ、劇音楽のための新しい歌唱法として考案されたのが、モノディと呼ばれるスタイルである。これは通奏低音の伴奏の上に、たった一人による劇的な歌唱をのせるという手法だった。

要するにモノディとは、単純化していえば、「楽器による和音伴奏を伴うドラマチックな独唱」ということである。ジョスカンの無伴奏合唱曲では、少しずつ間隔をあけながら、すべてのパートが等しく同じ旋律を歌うことができる。それはいわば民主的な形式である。これに対してモノディは、ヒーローやヒロインのための形式だ。たった一人の主役が伴奏楽器を従えて登場し、存分に自分の心情を吐露するのである。こうした音楽が絶対王政時代の始まりとほぼ同時に登場したのは、偶然ではないだろう。そしてモンテヴェルディは、後期のマドリガーレやオペラにおいて、このスタイルを大規模に展開することになる（フォン・オッターの素晴らしい録音『しばしの音楽が／バロック・メロディ』〔Archiv〕では、カメラータの一人だったカッチーニのモノディ様式による作品が聴ける）。

モノディは「歌」というより一種の「語り」《レチタティーヴォ》であって、モンテヴェルディなどのバロック初期にのみ見られるものである。その特徴は独得のゴツゴツしたイントネーションなのだが、時代が下るにつれてオペラなどにおける歌の旋律法は、もっと滑らかなものになっていった。だがバロック時代全体を通して、通奏低音の上に旋律をのせるスタイルは、声楽曲だけでなく、トリオ・ソナタや協奏曲や管弦楽曲など、あらゆるジャンルの基礎であり続けた。バッハの印象が強いせいで「バロックといえばフーガ」というイメージを抱く人も多いだろうが、全体としてバロックは何より通奏低音の時代、平たくいえば「低音《ベース》が主導権を握る和音」の時代である。

第一ヴァイオリンがオーケストラのコンサートマスターをする光景に慣れているわれわれは、「音楽をリードするのは旋律楽器（音域が高く目立つ楽器）だ」と思いがちである。だがバロック音楽のコンサートマスターは低音である。典型的なバロックの楽器であるオルガンを考えてみよう。そこでは足ペダル（低音）が土台を作り、その上を両手（旋律）が遊ぶ。バロック音楽は「旋律と伴奏がある」という意味では現代人の感覚に近く、「低音がリードする」という意味ではそこから遠い。通奏低音の魅力を最大限に理解できる録音として、カザルス指揮のバッハ《管弦楽組曲第一番》の冒頭を挙げたい（ソニー）。感動的な低音チェロの力強いうねりが作り出すところの、「個」を超越した何か大きなものに抱かれる感覚は、旋律主体の音楽からは絶対に得られないものである。

協奏曲の原理

「通奏低音」と並ぶバロック音楽の様式的特徴とされるのが、「協奏曲の原理」である。ルネサンス音楽の独擅場《どくせんじょう》は、ジョスカンの無伴奏合唱曲に代表されるような均衡美にあった。響きの衝突を避け、完璧に溶けあった滑らかさを追求すべく、そこでは楽器すら用いられない。しかもルネサンスの合唱曲では、すべてのパートが同じ歌詞による同じ旋律を歌う。ここではあらゆる異質な響きのぶつかりあいが、慎重に排除されている。しかしながら、均衡美が支配しているところに、「動き」の表現はない。ダイナミズムを表現するには、どこかで均質さを突き崩さなければならない。均衡が崩れて対照が生じるからこそ、そこから動きが生まれるのだ。

こうした「対照から生じるダイナミズム」を音楽で最初に表現しようとしたのが、一五世紀後半のヴェネツィア楽派である。それまで無伴奏だった宗教合唱曲に、彼らは器楽の伴奏を加えはじめた。「コンチェルト」という言葉が初めて曲のタイトルとして使われるのは、アンドレアおよびジョヴァンニ・ガブリエリからだが、これは要するに器楽伴奏つきの宗教合唱曲のことだった。コンチェルトという言葉は、それまでの無伴奏合唱曲の響きの均質さに対して、器楽と合唱が「競いつつ調和する」という意味で使われたのである。concertareはラテン語では「競う」を、イタリア語では「協調させる」を意味した。協奏曲は競争曲なのである。これ以後バロックに入ると、無数の器楽協奏曲が作られるようになっていく。

だが「バロックは協奏曲の時代だ」という時、それは単に「この時代に大量の協奏曲が作曲された」ということを意味するだけではない。協奏曲だけでなく、ありとあらゆるバロックの音楽ジャンルが、協奏的原理によって作られているのである。つまり「音色や音量や楽想の点で異なる複数の音響源を対照させ競わせる」という手法である。声楽曲における「声と楽器」あるいは重唱における「声と声」の対照。トリオ・ソナタのような伴奏つき器楽曲における「独奏楽器と伴奏楽器」の対照。協奏曲における「独奏とオーケストラ」の対照。特にこの時代に流行した合奏協奏曲の場合、独奏者の部分はピアノで、オーケストラの部分はフォルテで演奏されることが多かったから、そこでは音色だけでなく音量の対照も重要な役割を果たしていた。

合奏協奏曲は複数の独奏者をもつ協奏曲であって、コレッリが多くの作品を残したが、バッハでいえば《ブランデンブルク協奏曲》の第二番や第四番や第五番などがこれにあたる。第二番では独奏はトランペットとフルートとオーボエとヴァイオリン、第四番ではフルート二本とヴァイオリン、第五番ではフルートとヴァイオリンとチェンバロだ。「音量の対照」という点では、バッハの《イタリア協奏曲》や《ゴルトベルク変奏曲》のような、二段鍵盤のチェンバロ（二段の鍵盤のうち一方は音量がフォルテ、他方はピアノになっている）のための作品も忘れてはならないだろう。

後期ロマン派のあまりにドラマチックな音楽を聴き慣れているわれわれには、バロックが協奏や対照の原理の時代だといわれても、なかなかピンと来ないかもしれない。それらはたいした強弱のコントラストもなく、さらさらと耳元を心地よく流れ去っていくようにしか聴こえないという人も多いだろう。だがバロックは、「対照」ということが音楽の構成原理になりはじめた、最初の時代だった。楽譜に強弱が書き込まれた最初の作品は、ジョヴァンニ・ガブリエリの《サクラ・シンフォニア集》(一五九七年)の中の〈ピアノとフォルテのソナタ〉だが、当時の人にとってこれは大事件だったはずだ。それまでの均質な響きの中に、「対照」というドラマが持ち込まれたのだから。後期ロマン派で頂点に達する「ドラマチックな音楽」は、ここから発展していったのである。

プロテスタント・ドイツの音楽文化——バッハの問題

今でこそ「音楽の国といえばドイツ・オーストリア」というイメージがあるが、ルネサンスまで、ドイツ語圏には、さして重要な音楽史上の出来事はなかった。中世はフランス音楽の、ルネサンス前期はフランドル楽派の、そしてルネサンス後期はイタリア音楽の時代であって、ドイツはいわば音楽史の蚊帳《かや》の外にあった。そもそも政治的にドイツは、ヨーロッパの他の国々に比べて著しく立ち遅れていた。宗教改革の動乱や三十年戦争のあおりを受け、中央集権国家の形成もままならず、小さな国が林立するばかりで、イギリスやスペインやオランダやフランスのように、国力を結集して海外へ乗り出し、植民地から巨万の利益をあげるなどといったことは、夢のまた夢だった。そもそも統一国家としてのドイツは一八七一年になってようやく成立したのである。

われわれはこれまでバロックを「きらびやかな王侯貴族の音楽文化」という相のもとに描いてきたわけだが、これでもしドイツが音楽的にもまた「後進国」のままだったなら、この時代の音楽史イメージははるかに単一的で理解しやすいものになったに違いない。だが厄介なのは、この時代からドイツの音楽文化が急速に勃興しはじめたこと、しかもそれはイタリアやフランスのような宮廷を中心とする音楽文化と相当に違った性格をもっていたことである。バロック音楽史を統一的な相のもとに理解する難しさは、ここにある。

バロック音楽の見取り図を得るうえで不可欠なのは、「カトリック文化圏とプロテスタント文化圏」という二元性を理解しておくことだろう。この二つの文化は——宗教的に対立していたわけだから、当然といえば当然だが——何から何までまったく対照的だった。したがって、バロックを華美な宮廷文化と結びつけて考えると、バッハがそこにどう位置づけられるのかさっぱり分からなくなってしまうし、逆にプロテスタント文化圏から生まれたバッハの内省的な音楽がバロックのすべてだと思い込むと、この時代の全体風景を見誤ることになるのである。

この時代の代表的なカトリック国家といえばスペインとフランスとイタリアとオーストリア（およびドイツ南部）であり、宮廷文化が栄えたのはこれらの国である。それに対してオランダやドイツ北東部はプロテスタントの牙城であって、それを支えていたのは主として市民（商人）階級であり、信心深くて勤勉で倹約家の彼らの性格がその文化を規定していた。マックス・ウェーバーが指摘したことでも知られるように、万事派手好みのカトリックとは対照的に、プロテスタント文化は虚飾を嫌い、控え目で内面的なものを求める傾向があった。美術でいえば、バロックにおけるカトリック文化とプロテスタント文化の違いは、ベルギーのルーベンスとオランダのレンブラントの作風を比べれば、一目瞭然だろう。

レンブラントやフェルメールを生んだオランダのプロテスタント文化は、音楽の分野では――バロックのごく初期に活躍し、オルガン音楽伝統の基礎を築いたスヴェーリンク（一五六二―一六二一年）を唯一の例外として――さして有力な作曲家を輩出しなかった。もしこれと同様に、ドイツ・プロテスタント圏からも群小作曲家しか出なかったなら、この時代の音楽史記述ははるかに容易になっただろう。バロックのプロテスタント文化圏のことはとりあえず無視して、もっぱらこの時代の音楽潮流の主流であったイタリアとフランスの宮廷音楽だけに話題を絞ればよかったわけだから。ところが、政治的には時代潮流に乗り遅れ、音楽史的には当時まだ後発国だったドイツから、この時代で最も「偉大な」バッハという作曲家が出てきた。このことがバロック音楽を見通しのききにくいものにしている。

バッハを生み出したドイツ・プロテスタント文化の中心は、ドイツ東部のザクセンおよびチューリンゲン地方（バッハが活躍したワイマールやライプツィヒ、ヘンデルが生まれたハレなど）である。同じドイツ語圏でも、カトリックの牙城であり宮廷都市であったミュンヘンやオーストリアのザルツブルクやウィーンなどと比べ、これらの街は実に質実剛健で地味だ。ヴェルサイユを模した壮大な宮殿もなければ、華麗な装飾で彩られたバロック教会も見当たらない。そしてバッハの時代、宮廷都市とはあまりに対照的な音楽生活が、これらの地方では営まれていた。このプロテスタント圏の音楽文化の中心は何より教会である。ルター以来の伝統として、プロテスタントにおいては「音楽は神への捧げものである」という考え方が強かった。毎日曜、教会つきのオルガニストの伴奏で会衆がコラールを歌い、教会の附属学校の音楽教師《カントール》がカンタータを作って、それを教会の附属学校の生徒や大学の学生が歌う――こうした神との結びつきを通した緊密な音楽共同体が、そこには存在していたのだろう。このような音楽文化の中から、バッハは出てきた（図Ⅲ－７・８）。

Ⅲ－７　教会附属学校のカントール（音楽教師）**は、プロテスタント・ドイツの音楽文化で常に中心的な役割を果たしていた。彼らは子供たちに歌や理論を教え、教会でオルガンを弾き、次々に曲を書いて演奏しなければならなかった。バッハもそんなカントールの一人である。**

III－8　コレギウム・ムジクムと呼ばれる学生たちの合奏団体も、プロテスタント圏特有のものである。バッハはこういうグループのためにも曲を書いたのであろう。

もちろんバッハは華やかな宮廷音楽風の作品も残している。だがバロックの他の有名作曲家と比べて、バッハの活動がかなり地味なものであったことを、忘れてはならないだろう。イタリア人でありながらルイ一四世に寵愛され、ヴェルサイユ宮殿で音楽上の権勢をほしいままにしたリュリ（前にも触れたが、リュリを主人公にした映画『王は踊る』をぜひご覧いただきたい）。イタリアで修行し、オラトリオおよびオペラ作曲家として、ロンドンで比類ない名声を獲得したヘンデル。ナポリに生まれ、長くポルトガル王女のマリア・バルバラに仕えたドメニコ・スカルラッティ。ドイツ人でありながらイタリアで名声を高め、後にドレスデンの宮廷楽長として当代随一の人気オペラ作曲家になったハッセ（ザクセン地方でありながらカトリックが強かったドレスデンではオペラが栄え、バッハも晩年、息子と連れ立ってしばしばハッセのオペラを聴きに行っていたらしい）。彼らの国際的な活躍に対して、バッハの活動はもっぱらドイツ北東部に限定されていたのである。「イタリアで売れっ子になる」、「有力宮廷に奉職する」、なかんずく「オペラ作曲家として名声を博する」といったことが、当時の作曲家にとって出世の目安だったとすれば、バッハは生涯を通して、そのどれとも無縁だった。イタリアに行く気も、オペラ作曲家として売り込む気もなかったのか。つまり売れっ子になる気がなかったのか。それともバッハは、同時代人の目にはあまり魅力的な「タレント」と映らなかったからこそ、国外からお呼びがかからなかったのか。このあたりは是非ともバッハ研究家たちに明らかにしてほしいところである。もちろんバッハが——その後半生の活躍の場となったライプツィヒが国際的な商業都市だったこともあって——同時代のフランスやイタリアのさまざまな音楽にリアルタイムで通じていたのは間違いないし、だからこそ彼が「バロック音楽の集大成」ともいうべき偉業をなしとげることができたのは確かだろう。にもかかわらず彼は、イタリアにもフランスにもオーストリアにも、生涯足を踏み入れることはなかった。バッハの創作の中にどこか、ケーニヒスベルクから一歩も出なかったカントにも似た、郷土主義《プロヴィンシャリズム》のような部分があることは、見落としてはならないだろう（図Ⅲ-9）。

バロック音楽史の見取り図をややこしくしているのは、バッハという「時代の最も偉大な作曲家」が、必ずしも文句なしに「時代の最も典型的な作曲家」とはいえない点にある。彼

Ⅲ - 9　バッハも長年活躍したライプツィヒの聖トーマス教会（1723年）。**中世からほとんど変化していないような街並みは、同時代のウィーンやパリの壮大な宮殿とあまりにも対照的である。バッハを生み出したのは、こうした慎ましいプロテスタント圏のドイツ市民文化だった。**

は同時代的に見ればむしろ孤高の人であって、活動が時代相を典型的な形で映し出しているという点であれば、ヘンデルやテレマンらを挙げるべきだろう。「バロック＝バッハ」→「バッハ＝宗教音楽とフーガ」→「バロックは宗教音楽とフーガの時代」というイメージを漠然と抱いておられる方も多いのではないかと思うが、バッハのイメージでバロック全体を代表させるようなことはしない方がいい。バロックとは何よりまず、音楽が「王権を飾り立てる《リプレゼント》もの」になっていった時代である。「神への捧げ物としての音楽」という理念が中世末期にすでに揺らぎつつあったことは、第一章で見たとおりだ。しかるにバッハの創作の中心は宗教曲であり、器楽曲もしばしば宗教的感情に浸されている。また彼の十八番だった対位法（フーガ）は、すでに述べたように、そもそもルネサンスの無伴奏合唱曲を原型とするもので（それを器楽で模倣したリチェルカーレというジャンルがまず成立し、フーガはそこから発展した）、バロックの時代にはむしろ古風《アンティーク》なスタイルになりつつあった。作曲技法的にはバロックは、音楽がどんどん和声的なもの（和音の柱に支えられて旋律が歌うタイプの音楽）へ向かっていった時代だった。宗教音楽とフーガを創作の中心としたバッハは、むしろ例外だったのである。

バッハの創作のこうした「非同時代性」の証言としてよく引用されるのが、ヨハン・アドルフ・シャイベという人物によるバッハ批判である。若い批評家だった彼は、一七三七年にある雑誌の中で、バッハのことを「この偉大なる人物」と呼びつつも、彼が「誇張された難解な様式を使うことで作品を不自然にしている」と非難したのである。「誇張された難解な様式」（彼は「行き過ぎた技巧」とも述べている）とは、何よりまず対位法のことであろう。当時の若い人にとってバッハの音楽はいわば、仰々しくて古風で一般人には読めないラテン語で書かれた分厚い書物のように聴こえたのである。現代においてもバッハの《インヴェンション》や《平均律》を「ややこしくて退屈」と感じるピアノ学習者は少なくないはずだが、それと同じ感覚だと思えばいいかもしれない。

後世から見てシャイベを、「同時代の潮流に流され、バッハの『時代を超越した偉大さ』が理解できなかった、浅はかな批評家」と批判するのは簡単だ。だが忘れてはならないのは、同時代人の実感としてシャイベのバッハ批判は、決して見当外れではなかったという点である。音楽史の潮流という点でバッハは、確かに当時すでに「時代遅れ」になりつつあったのである。

一七三〇年あたりから時代は、人なつこく優美で快適な音楽を求めるようになっていた。シャイベはバッハの音楽に「心地よさ」が欠けていることを残念がった。難解で抽象的で感覚的な魅惑に欠ける対位法、曲を最初から最後までリードし続ける重々しい通奏低音、いかめしい装飾でいっぱいの旋律法などは、もはやあまり用いられなくなりはじめていた。バッハが《ロ短調ミサ曲》の〈キリエ〉と〈グローリア〉を書いたと思われる一七三三年には、ナポリでペルゴレジ（一七一〇―三六年）のインテルメッツォ《奥様女中》が初演される（インテルメッツォとはオペラの幕間劇《まくあい》のことである）。その人なつこく小股が切れ上がったスタイルは、喜劇オペラ勃興の原点になった。バッハと六歳しか違わなかったが、もっと平易なスタイルでもって当時大人気を博していたテレマン（一六八一―一七六七年）が、洒落た《ターフェルムジーク（食卓音楽）》を書いたのも、同じ年である。そしてバッハと同年に生まれたドメニコ・スカルラッティ（一六八五―一七五七年）が、メランコリックにして優雅な鍵盤ソナタの数々を書きはじめたのは、およそ一七三八年前後からのことだ。

バッハの創作と同時代潮流とのズレを、スイスの音楽史家ジャック・ハントシンは次のように述べている。「〔音楽史でバッハにかなりのスペースを割くと〕私はいつも歴史家として良心の呵責を感じてしまう。なぜなら、バッハについて書きはじめる際には、まずそれまでの流れをいったん中断し、バッハの章を終えてから再び、中断した話を再開しなければならないからだ」。要するにバッハの「偉大さ」について延々と語りはじめると、時代の流れが分からなくなってしまうということである。バロック時代とバッハをしかるべき一つのパースペクティヴの中に収めるには、同時代潮流と彼の創作とのこのズレと、そして彼が後世に与えた影響の巨大さとの間の差を、適切に見て取る必要があるように思う。

バッハの「偉大さ」についての私見

しかしながら、バッハと同時代の音楽史潮流とのズレをどれだけ強調してみても、「バッハの時代を超えた偉大さ」について何も言及しないのは、やはりどこか居心地が悪い。とはいえ、私にとってバッハがいろいろな点で理解するのが難しい作曲家であることを、まず告白しておかねばならない。まず第一に、彼の音楽の「抽象性」。最晩年の《音楽の捧げ物》や《フーガの技法》が典型だが、彼の音楽は「聴いて感覚的に楽しむ」というより、楽譜として読んだ時に初めて、その信じられないような作曲技法の腕前が理解されるようなところがある。たとえばバッハのフーガの凄さは、相当に作曲の心得がある人間だけが、その楽譜を「読んだ」時に理解できる、そういう性質のものではないか……。そして第二に、彼の受難曲やカンタータといった宗教曲がその成立の前提としていたに違いない「神学上の背景」。彼の音楽がドイツ・プロテスタント圏のさまざまな宗教的背景にどれだけ多くのものを負っているかを想像すると、軽々に「バッハの普遍性」といった神話を受け入れられなくなるのだ。

バッハの音楽を作曲技法的かつ歴史的に理解する難しさを考える時、「音楽の父バッハ」とか「バッハの平均律は音楽の旧約聖書」（ビューロー）とか「バッハはいつも新しい」といった決まり文句でもって彼を神格化することに対して、つい距離をとりたくなってしまうというのが、私の本音である。バッハ神話を真に受ける代わりに、私は思わずそれを歴史的な文脈に置いて相対化したくなってしまうのだ。周知のように、死後半世紀近くあまり顧みられなかったバッハは、一八二九年のメンデルスゾーンによる《マタイ受難曲》の一〇〇年ぶりの再演とともに劇的な「復活」を遂げ、一九世紀ドイツにおいて「音楽の父」へと神格化されるに至った。しかしながら一九世紀のこのバッハ熱の背後には、多分に政治的背景（プロテスタント・ドイツ・ナショナリズムとでもいうべきもの）があっただろうことを、決して忘れてはならないと思うのである。

一九世紀とは、それまで音楽史的にどちらかといえば後発国だったドイツが、西洋音楽の覇権を握った世紀だった。ドイツ語圏には、すでにハイドンやモーツァルトやベートーヴェンやシューベルトがいた。そこに加えて、バッハというさらに途方もない作曲家が再発見されたのである。「世界に冠たるドイツ音楽の偉大さ」の神話的起源の歴史的証明として、これ以上のものがあっただろうか。しかも当時のドイツでは、「時流におもねった娯楽にすぎない」フランスやイタリアのサロン音楽やグランド・オペラの「軽薄さ」を、ことさらに言い立てる傾向があった（「軽薄なフランス・イタリア音楽」対「時代を超越した偉大なドイツ音楽」という図式は、今日なお死滅してはいない）。これが当時のドイツの文化的劣等感の裏返しであったことはいうまでもないが、いずれにせよ「軽薄な同時代潮流から超然としていた孤高のバッハ」とか「忘却の彼方から蘇った偉大なバッハ」といったイメージが、当時のドイツ音楽ナショナリズムにとって格好の錦の御旗になっただろうことは、想像に難くない。リストやワーグナーの「未来音楽」の概念やマーラーの有名な「やがて私の時代がくる」という言葉を思い出すまでもなく、ドイツ・ロマン派は「偉大であるがゆえに同時代には受け入れられなかった芸術家の苦悩」といったストーリーが大好きだった。「バッハ再発見」は、このロマン派的筋書きにあまりにもぴったり「はまった」といっても、バッハに対する冒瀆にはならないと思う。

　具体的な作曲様式の点でも、一九世紀のバッハ熱は偶然の産物ではなかっただろう。つまりバッハの音楽は、演奏次第でまるでロマン派のような、情熱的かつ記念碑的な音楽になるのである。逆の言い方をすれば、ワーグナーで頂点に達するロマン派の管弦楽法は、絶えずバッハ的＝オルガン的な響きをオーケストラで再現しようとした。ブゾーニによる《シャコンヌ》のピアノ編曲やワーグナーかマーラーのような大オーケストラを使った有名なメンゲルベルクによる《マタイ受難曲》の録音が、その好例である。こうした一九世紀的な「ロマンチックなバッハ」は、二〇世紀中に駆逐された。現代は古楽演奏の全盛時代である。ブゾーニやメンゲルベルクのような響きを、バッハが実際に意図していたとは、まず考えられまい。だが大事なのは、たとえ歴史的に誤りだとしても（つまりバッハがこうした「ロマンチックな」音響をイメージしていたとは考えられないとしても）、バッハ作品の多くがロマン派音楽のような「ドラマチックな苦悩の表出」としての演奏を可能にするという点である。どう細工しても、ヴィヴァルディやスカルラッティをワーグナーかマーラーのように響かせることは不可能だ。だがバッハの場合、作品によってはある程度これが可能なのだ。典型はもちろん《マタイ受難曲》である。この点でもまた、バッハは見事にロマン派の時代に「はまった」のではないか。

最後に、「一九世紀の神話」ではない、実質としてのバッハの偉大さについて、二点ばかり個人的に思うところを述べておきたい。まず第一に、後世の作曲家にとってのバッハ。おそらく音楽史上で——作曲家が日常会話でよく使う言葉を借りれば——あれだけ「書けた」

人は、誰一人としていないことだけは間違いない。どんな音の組み合わせのパズルでも楽々と解いてしまう職人芸の点でバッハは、モーツァルトやベートーヴェンからストラヴィンスキーやシェーンベルクに至る後世の作曲家にとって、無限のアイディアの泉であり続けているのだろう（ただしバッハのこの面での凄さが本当に理解できるのは作曲家だけだと、私は思う）。そして第二に、演奏家にとってのバッハ。演奏する人間にとってバッハは、何よりまず純粋な運動感覚として理屈抜きで面白いのだろう。このことは、私のようなアマチュアが《インヴェンション》を爪弾いても、即座に実感できる。しかも彼の楽譜は、後の時代の作品のようなこまごまとした指定（テンポや強弱や楽器編成）が、あまり書き込まれていない。ブゾーニのようにも、ランドフスカのようにも、ヴァルヒャのようにも、リヒテルのようにも、グールドのようにも、高橋悠治のようにも、さらにはＭＪＱ（モダン・ジャズ・クァルテット）やキース・ジャレットといったジャズ・ミュージシャンのようにも、どうにでも料理できるのだ。このあたりにも、バッハ人気の不滅普遍の理由があるに違いない。

第四章　ウィーン古典派と啓蒙のユートピア

近代市民のための音楽、ここに始まる

作曲家は後世の歴史家のことを考えて創作するのではない。したがって、古典派の時代がいつ始まり、いつ終わったのかを明確に特定するのは、簡単ではない。いろいろな時代区分が考えられるだろう。バッハが亡くなった一七五〇年は一つの目安だし、もっと早く、一七三〇年頃に古典派音楽の萌芽を見る人もいる。いかめしいバロックの対位法や通奏低音とは無縁の、人なつこくシンプルな音楽が現れるようになってきた時代だ（第三章でも触れた一七三三年のペルゴレジ《奥様女中》など）。同じように、古典派の時代の終わり（ロマン派への移行）についても、明確な線引きはできない。ベートーヴェンの初期（大なり小なりまだハイドンらの影響下にあった時代）までを古典派と考えることも可能だろう。彼がハイリゲンシュ

タットの遺書（聴覚障害のために自殺を考えてしたためられたもの）前後の精神的危機を脱し、中期のいわゆる「傑作の森」へと踏み出していく一八〇二年あたりから、音楽史の新しい世紀が始まるという考え方だ。だが、ベートーヴェンの中期はまだ古典派の時代で、後期への移行とともにようやくそれが終焉を迎えると考える人も多かろう。この場合、チェロ・ソナタの第四番および第五番（作品一〇二）やピアノ・ソナタ第二八番（作品一〇一）などが書かれた一八一五／一六年が目安になる。

いずれにせよ一つははっきりいえるのは、一八世紀中頃からの急速な市民階級の勃興および一般に「啓蒙主義」として知られる運動の同時代現象が、この古典派音楽だということである。産業の発展を背景に発言権を増してきた中産市民たちは、明快で合理的な考え方を尊び、等身大の人間像を求め、自然な感情発露を何より尊んだ。そこから「理性によって自らを神や王から解放し、いかなる権威からも自由に考え行動する個人」といった意識が目覚めてくる。三権分立を主張したモンテスキュー（一六八九－一七五五年）、貴族と教会の腐敗を容赦なく攻撃したヴォルテール（一六九四－一七七八年）、自由と平等を唱えたルソー（一七一二－七八年）、百科全書派のディドロ（一七一三－八四年）、そして批判哲学のカント（一七二四－一八〇四年）らが、こうした思想潮流の担い手だった。この新しい精神の胎動は、やがて一七八九年からフランス革命の動乱へなだれ込み、引き続きナポレオンへの熱狂で一つの頂点に達し、そして一八一四－一五年のウィーン会議（ナポレオンを追放して再び革命以前の王による統治へヨーロッパを戻そうとする会議）で一段落する。この時代の音楽様式が、古典派なのである。神に捧げるためでもなく、王侯を賛美するためでもない、「市民による、市民のための、市民の心に訴える音楽」が、初めて生まれたのである。

ウィーン古典派への道

その存在があまりに大きいせいでややもすると忘れがちであるが、バッハは実はバロック最末期――厳密にはもはやバロックとは呼べない時代――の作曲家である。前章でも述べたように、彼の存命中からすでにさまざまな新しい音楽様式が芽生えはじめていた。これは美術におけるロココ様式の成立とほぼ対応するものだった。一八世紀に入ると、ルイ一五世の親政下（一七二三－七四年）で、ルイ一四世に代表される一七世紀とは相当異なる趣味が生まれはじめる。巨大なものより繊細なミニチュア、荘重でいかめしいものより自然で優美で小粋で簡潔なもの。このロココの時代を代表する画家がワトーやブーシェやフラゴナールであるわけだが、音楽でもクープラン（一六六八－一七三三年）の名を忘れてはならない。彼のクラヴサン作品の銀細工のような繊細な装飾、軽やかさ、透明さは、バロック的重々しさの対極にあるものである。こうした優美で感傷的で人懐こく瑞々《みずみず》しい情緒への好みは、テレマン（一六八一－一七六七年）やラモー（一六八三－一七六四年）やドメニコ・スカルラッティ（一六八五－一七五七年）の音楽にも、はっきり認めることができよう。対位法はもはや最小限にまで切り詰められ、かわって単純で感覚的な旋律の魅惑が前面に出はじめる。彼らの旋律はいずれも甘美で、時に軽い憂いを秘めている。また、分厚い真紅の絨毯の上を仰々しく歩いて王の謁見式に臨むが如き重々しい通奏低音は、しばしば省略されるようになった。ラモーとスカルラッティとテレマンはいずれもバッハの同時代人であり、バロックの最末期を代表する人々である。つまり新しい音楽への胎動が、すでにバッハの時代に、これら一般に「バロックの作曲家」とされる人々の間で、もうはっきりと目覚めはじめていたのである。

こうした新しい音楽様式がほぼ定着するのが、俗に「前古典派」と呼ばれる時代である。これは「バッハの息子たちの世代」だと考えておけばいい。周知のように大バッハの息子の多くは音楽家になったが、その出世頭が次男カール・フィリップ・エマヌエル（一七一四－一七八八年）と末っ子ヨハン・クリスチャン（一七三五－八二年）である。そして面白いことに、後で述べる前古典派の作曲家のほとんどは、エマヌエルと同じ一七一〇年代生まれなのだ（ちなみにバッハの長男ヴィルヘルム・フリーデマンは一七一〇年生まれである）。そしてさらにいうなら、末っ子クリスチャンはハイドン（一七三二－一八〇九年）と同世代である。ロンドンで活躍したこのクリスチャン・バッハは、モーツァルトに強い影響を与えたことで知られ、実際彼の鍵盤ソナタなどは「モーツァルトの初期作品」といわれても区別がつかないほどだ。もうクリスチャンの世代になると、われわれが「古典派」といわれて思い浮かべるスタイルは、完全に定着していたと考えていい。図式化していえば、前古典派はバッハの長男と次男の世代、ハイドンはバッハの末息子の世代、そしてモーツァルト（一七五六年生まれ）はこれらバッハの息子たちの子供にあたるくらいの世代（大バッハから見れば孫世代か？）なのである。ちなみにモーツァルトの父レオポルトは一七一九年生まれだから、これまたバッハ・ジュニアの世代である。

　いわゆる前古典派の音楽は、今日聴いて必ずしも特に面白いわけではないものも多いが、音楽史に突如としてハイドン・モーツァルト・ベートーヴェンの三大巨匠が登場したわけではないことを理解するためにも、一応主だった名前を列挙してみよう。右に挙げたエマヌエル・バッハはベルリンで活躍し、とりわけ鍵盤曲における激越な主観表出で知られた（プレトニョフによる面白いCDがある）。鍵盤楽器の名手だった彼の音楽は、いわばフランツ・リストの一八世紀版のようなところがある。第三章で述べたように、バロック音楽においては感情《アフェクト》が一定の「型」によっていわば間接的にあらわされたとすれば、彼は瞬間的な気分の揺れを直接鍵盤に叩きつけるような音楽を書いた。

　古典派の管弦楽曲の書法を確立したことで知られるのが、いわゆるマンハイム楽派である。

ハイデルベルクに近いこの小都市の宮廷では、カール・テオドール侯の在任中（一七四三—七八年）、ヨーロッパ随一と称えられた楽団が活躍した。とりわけ有名なのは、この楽団のヴァイオリニストでもあったヨハン・シュターミツ（一七一七—五七年）だが、このマンハイム楽派の人々の作品は、短いフレーズ内での急激なコントラストや「マンハイムの花火」とか「マンハイムのため息」と呼ばれる音型で知られ、モーツァルトにも強い影響を与えた（図Ⅳ-1）。

Ⅳ-1　マンハイム城の「騎士の間」。シュターミツらの交響曲は、このきらめくようなロココ風のサロンで演奏されていた。それらは現代の演奏会場とまったく違う空間を前提としていたわけだ。

ウィーンが音楽都市として急速に発展しはじめるのも、この時代である。特に有名なのはゲオルク・クリストフ・ヴァーゲンザイル（一七一五—七七年）やマティアス・ゲオルク・モン（一七一七—五〇年）の交響曲（あるいは後者のチェロ協奏曲）だが、彼らの作品には後のウィーン音楽の特徴となる独特の人懐こい甘さが早くも現れていて、なかなか魅力的である（Archiv から『初期ウィーン楽派 Die frühe Wiener Schule』と題されたCDが出ていた）。

オペラ改革で有名なグルック（一七一四－八七年）も、この前古典派と同じ一七一〇年代生まれの世代である。周知のように彼は、パリで「オペラの改革者」として大成功をおさめた。従来のオペラは、ゴテゴテしたコロラトゥーラのパッセージで飾り立てられ、歌手たちの「のど自慢」の場と化していたのだが、それに対してグルックは、劇内容を極力簡潔かつドラマチックに表現しようとしたのである。音楽史上の名声の割にグルック作品は、今日では上演される機会もあまりなく、またそれをいくぶん冷たくて退屈だと感じる人も多いに違いないが、それでも彼の最高傑作《トーリードのイフィジェニー》（一七七九年）などを最高の演奏で聴くのは、感動的な体験である（カラスの絶唱が残されている）。ただならぬ緊張に満ちた序曲から、そのまま第一幕の嵐の場面に突入し、やがて海が静まるまでを描いた作品冒頭の息もつかせぬ迫力。主人公のアリアの、一切の装飾を拒絶した威厳と静けさと気宇壮大さ。グルックはひょっとすると、古代ギリシャ的という意味で最も「古典的な」作曲家であると呼べるかもしれない。

古典派音楽の作曲技法

作曲技法の点で古典派音楽を特徴づけるのは、何よりまず対位法の廃止である（もちろん

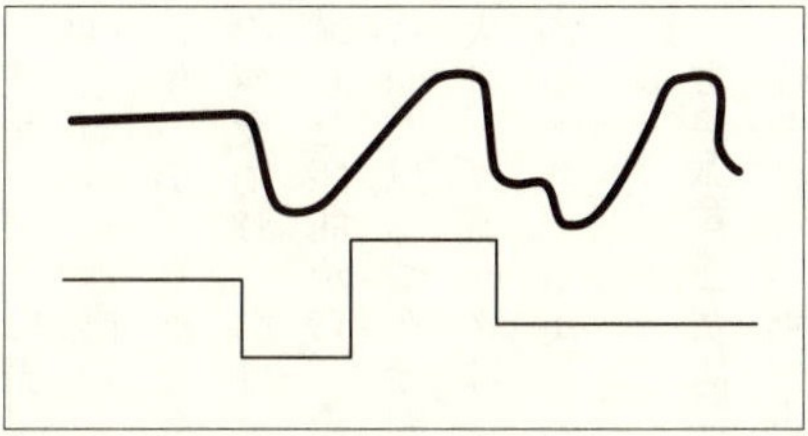

Ⅳ－2　バロック時代とは逆に、古典派においては旋律（太線）**が音楽をリードし、低音**（細線）**は目立たない背景になる。**

晩年のモーツァルトやベートーヴェンになると再びフーガを書いたりするのだが、これはむしろ例外に属する）。旋律と和音伴奏だけでできたシンプルな音楽、それが古典派だ。もちろん、バロック時代の通奏低音によるスタイルも、同じように旋律と伴奏でできている音楽ではあった。だが古典派音楽は、この通奏低音をも完全に廃止する。低音ではなく旋律がリードする点が、古典派音楽のもう一つの特徴である。旋律が重々しい通奏低音の足枷《あしかせ》から解放され、自由に躍動するのが古典派であって、その闊達《かったつ》な軽快さはここから生まれてくるといっていいだろう（図Ⅳ－2）。

旋律の性格自体もまた、古典派とバロックとでは相当に違う。バッハでもヘンデルでもヴィヴァルディでもいい、何か知っているバロックの曲の主題をそらで歌ってみてほしい。どことなく音程やリズムがギクシャクして歌いにくかったり、旋律の起伏とメリハリの点で少し物足りなかったり、あるいは細かい音符の連鎖が延々と紡ぎ出されるせいで、どことなくつかみどころがなかったりするように感じられるのではないだろうか。ありていにいえば、そこには「旋律そのものの魅力」はあまりない。旋律だけ取り出して口ずさんでみても、バロック音楽はあまり面白いものではない。そこでは旋律は、緻密なフーガの網目の中へ組み込まれたり、あるいは通奏低音によって支えられたりして初めて何らかの表情を獲得する、そんな副次的な存在にすぎない。旋律は決して音楽の焦点ではないのだ。古典派の旋律は違う。その音程やリズムは常に滑らかで歌いやすく、そこには魅惑的な起伏があり、フレーズは明快に区切られているので容易に覚えられる。人を瞬時にして魅了し、誰もが簡単に覚えられ、浮き浮きと口ずさめるような、そんな「旋律それ自体の魅力」が、古典派において音楽の主役になるのである（ためしにバッハとモーツァルトの任意の作品を、どちらも低音に焦点を合わせて聴き比べてほしい。こうやって聴くと、バッハは一段と奥行き深く荘厳に響くだろうが、モーツァルトはぜんぜん面白くないはずである）。

フーガのような対位法的音楽において旋律は、隅々まで秩序づけられた予定調和の世界に統合される存在でしかなかった。フーガという形式は、「神が作った世界秩序の、音によるミクロコスモス」であったといっていいだろうが、そこで最も重要なのは「全体の秩序」であって、個々の旋律ではなかった。旋律それ自体があまりにも魅力的で、そこだけにスポットが当たってしまったり、旋律が能動的に音楽をリードしたりすると、むしろ全体の秩序が乱されてしまう。旋律によって意志や感情の自由な発露を表現する術は、そこにはなかったし、あってはならなかったのである。

第三章でも述べたように、通奏低音が支えるというスタイルによる音楽では、フーガよりは旋律に自由な表現の余地が与えられていたのは確かである。だがそこでもまた、音楽の主導権を握っていたのは旋律ではなかった。最初から最後まで曲をリードするのは低音であって、旋律はこの「大きな秩序」に常に拘束・規定されている存在でしかなかった。前にも触れたように、旋律には常に通奏低音という「足枷」がはめられていた。古典派の時代に至って初めて、旋律はあらゆる上位秩序から解放され、自由に羽ばたくことができるようになったのである。近代的な意味での「歌う音楽」が、個人の情感と意志の表現が主役となる音楽が、音楽史に登場した。ここに王や神から解放された「自由な精神」のあらわれを見ることは、決してうがち過ぎではないだろう。

音楽における公共空間の成立

今は誰もが好きな音楽を自由に聴ける時代である。だがかつては違った。すでに述べたように、芸術音楽は原則として王侯貴族ないし教会の音楽であって、それを市民（庶民）が耳にできる機会はごく限られていたはずである。たとえばオペラは一八世紀まで、王侯が催す祝典の一環であることが多かった。したがって、古くから公開劇場があったヴェネツィアやハンブルクのような都市以外、一般客がオペラ劇場に足を踏み入れることは難しかっただろう。また器楽曲についていえば、バッハがライプツィヒのコーヒー店で行なっていた演奏会（コレギウム・ムジクム）のようなものは別として、多くは宮廷サロンのような場で演奏されるのが常だった。器楽曲も紅茶を飲んだり談笑したりトランプをしたりしながら聴く王侯貴族のための社交音楽だったわけで、これまた市民にとっては高嶺の花だっただろう（図Ⅳ-3）。バッハの宗教音楽などは、それが上演される教会の会衆なら誰でも聴けた可能性が高いが、とりわけカトリック圏ではミサ曲は王侯貴族の礼拝堂などで演奏されることが多かったはずだから、果たして市民がそれを耳にすることができたかどうか……。それに対して啓蒙の時代とは、こうした特権階級の独占物としての芸術音楽が、わずかずつではあるが市民に開放されていった時代だった。演奏会という、切符を買えば誰もが好きな音楽を聴ける民主的な制度が少しずつ広まっていき、楽譜印刷業が盛んに

Ⅳ-3　18世紀後半の貴族の館における演奏会。客は紅茶を飲みながら雑談したり、ビリヤードをしたりしている。当時はまだ器楽曲は、19世紀以後のような「傾聴」するものではなく、一種のＢＧＭだった。

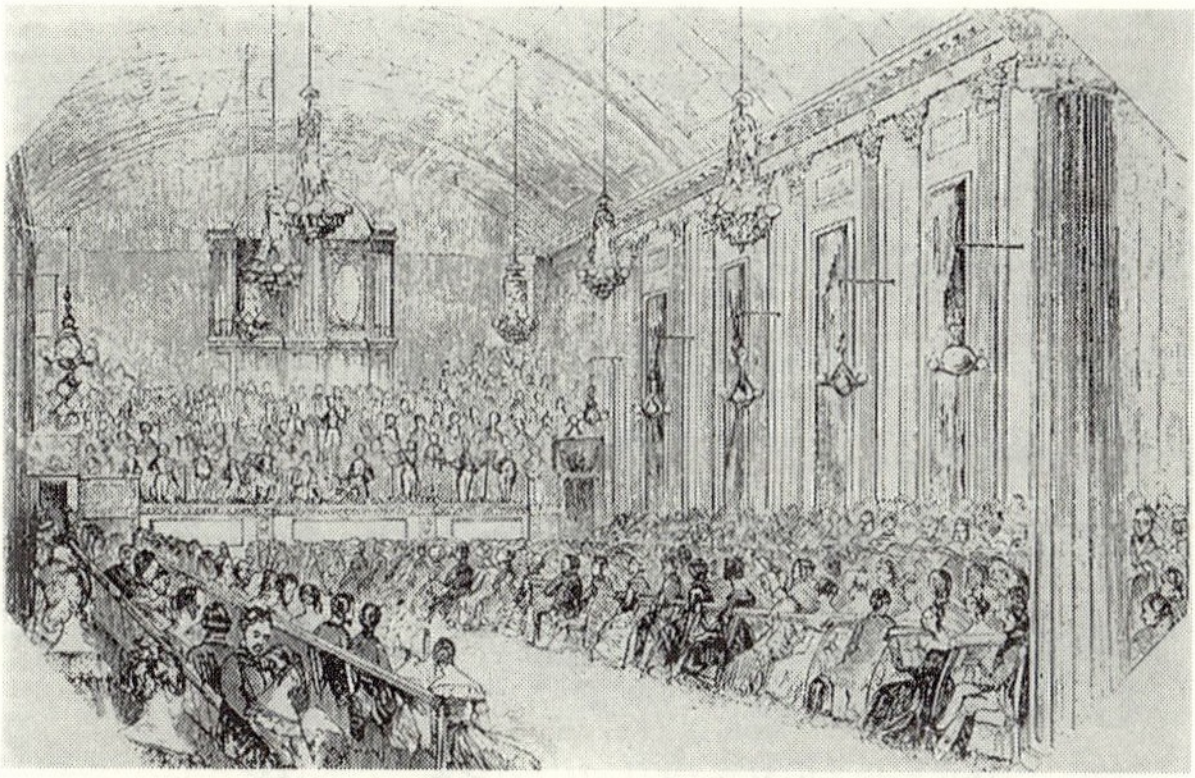

Ⅳ－4　ハイドンの交響曲が初演されたことで有名なロンドンのハノーファー・スクエア。舞台に対して客席が横向きになっているが、初期のコンサート・ホールにはこのタイプのものが多かった。

なるとともに、お金を出せば誰もが好きな楽譜を買って自分の家で嗜むことができるようになっていくのが、この時代である。

公開演奏会の普及の点で常に他国に先んじていたのはイギリスで、これは市民革命およびそれに伴う貴族階級の没落が早かったこととも関係していた。ここでは早くも一六七二年に、バニスターというヴァイオリン奏者が、自宅で一般聴衆を対象にした演奏会を開いている。よく知られているようにハイドンは、ザロモンという興行師《マネージャー》の招待によって一七九〇年代に二度にわたり渡英し、公開演奏会を開いて大成功をおさめた。これは「マネージャーがアレンジし、切符を公に売り出し、その営利で運営される演奏会」という制度が、もうこの時代のイギリスでは成熟していたことを物語る出来事である

（図Ⅳ‐4）。またフランスでも一七二五年からコンセール・スピリチュエルという演奏会が定期的に催されるようになり（モーツァルトもそこで自作の交響曲を演奏した）、ライプツィヒでは一七八一年からゲヴァントハウス管弦楽団の定期演奏会がスタートした。ウィーンでも一八世紀後半になると、オペラが上演されない期間に宮廷劇場を作曲家に貸し出すということが行なわれるようになる。これがいわゆる予約演奏会であり、それによって作曲家が自主的に演奏会を主催して利益を得ることが可能になった（モーツァルトは初めてウィーンに来た時、この予約演奏会の制度に大いに感激した）。

「作曲家が自分の音楽を広く世に問う」という意味で、演奏会の成立と同じくらい重要な意味をもっていたのは、楽譜の出版である。録音の発達のせいですっかり「演奏家＝プロ」vs「聴き手＝アマ」という二分法が定着してしまった今日では想像するのが難しいが、当時の音楽を愛する一般市民たちは、好んで自ら音楽を演奏したがった（図Ⅳ‐5）。アドルノによれば、ウィーンでは一九世紀の終わりにもまだ、休日にベートーヴェンの弦楽四重奏曲を友人たちと合奏して楽しむアマチュアがたくさんいたということである。プロがステージの上で演奏するのを聴く音楽ではなく、アマが家庭の中で自ら奏でる音楽。これが「家庭音楽」と呼ばれるジャンルであり、この需要が楽譜出版を一大産業へと押し上げたのである。これは作曲家たちにとって、経済的自立のための願ってもないチャンスだった。

Ⅳ-5　家庭音楽を自ら演奏して楽しむ貴族の一家（1753年）。全員が心から音楽を愛している様子が伝わってくる。この時代から「音楽愛好家」が生まれはじめた。もはや彼らが貴族であるか、市民であるかは関係ない。音楽の前ではすべての人が平等なのだ。

端的にいって、かつての王侯貴族は、自分の権威を飾り立てるために音楽を必要としていた。国王の中には、自らバレエを踊ったルイ一四世やフルートの名手だったフリードリヒ大王のような人もいたが、彼らの音楽との関わりは、「音楽への私心なき愛から」というより、多分に「音楽による統治」という政治的色彩を強く帯びていた。だが新しく生まれてきた聴衆は、音楽そのものに熱烈に耳を傾ける、音楽を愛する聴き手＝音楽愛好家だった。豪勢な生活を演出するBGMとして音楽を聞き流すだけの雇い主《パトロン》ではなく、自分の音楽にほれ込んで楽譜を買ってくれる人たちに向けてメッセージを発することが可能になりはじめた。こうして生まれてきたところの、「音楽への愛」によって結ばれた作曲家と公衆との共同体を支えたのが、楽譜出版業だったといっていいだろう。

シンフォニックな音楽と新しい共同体の誕生

「演奏会」と「楽譜出版」という作曲家自立の機会——公共空間へ自分をアピールする二大チャンス——を目ざとくつかんだのが、ハイドンである。まず演奏会についていえば、ハイドンは公開演奏会で決定的な大成功をおさめた最初の作曲家だった。先に触れたロンドン旅行で、彼は莫大な経済的利益をあげ、おまけにオックスフォード大学の名誉博士号まで授与された。それまでの作曲家の社会の中での地位が、たかだか「宮仕えの職人」程度のものであったことを考えれば、これはまったく桁外れの栄誉だった。そして公開演奏会におけるハイドンのこの成功と分かち難く結びついているのが、交響曲なのである。つまり交響曲は「演奏会」という「音楽における近代的公共空間」の成立とともに生まれ、その精神を最も典型的な形で具現するジャンルなのであって、ハイドンがロンドンのために一二曲（第九三番から第一〇四番）を書いたことこそ、近代の演奏会音楽の象徴としての交響曲の誕生を告げる出来事に他ならない（ただし初期の演奏会は、アリアや序曲や協奏曲や室内楽などをともに演奏するという、今日から見れば随分ごった煮的なプログラムである。交響曲を演奏会の後半にメインディッシュとして据える習慣が完全に確立されるのは、一九世紀後半からのことである）。

演奏会だけでなく、楽譜出版の世界でも、ハイドンは時代の最も成功した作曲家だった。

まだハンガリーの片田舎でエステルハージ家の宮廷に仕えていた頃から、彼の交響曲などは（海賊版も含めて）大量に楽譜印刷されていたのだが、この楽譜出版の方面での彼の成功を象徴するジャンルとしては、何より弦楽四重奏曲を挙げたい。周知のように、ハイドンは「交響曲の父」であると同時に、「弦楽四重奏曲の父」だった。そして近代の弦楽四重奏曲の礎となったのが、一七八一年に出版された彼の作品三三《ロシア四重奏曲》であって、この作品についてはハイドン自ら「まったく新しい方法で作曲した」と述べたことで知られている。興味深いことにハイドンは、この作品の出版当時、まだエステルハージ家の宮廷に仕える身だったのだが、にもかかわらずこの作品三三は、宮廷からの注文ではなく、当初から出版を目的として書かれていた。つまり明らかに、「楽譜出版することによって、自らを広く公に問う」という目的で作曲されたと考えられるのである。そしてそのターゲットは、先にも触れた「音楽を愛し、自ら演奏する市民」であったに違いない。

ハイドンによって確立された交響曲と弦楽四重奏曲のジャンルは、近代市民生活の「公」と「私」の領域にそれぞれ対応しているといえるだろう。よくいわれることだが、労働によって特徴づけられる「公」と余暇や家庭の営みが属する「私」への生の分離は、近代市民に特有のものである。そして後で述べるように、ロマン派音楽ではこの二つの領域の間に、深刻な亀裂が走るようになる。それはつまり、「内面感情への過剰な耽溺《たんでき》」と「外面への過剰な自己顕示」である。この意味でロマン派音楽はおしなべて、自己分裂を病んでいるとすらいえよう。だが古典派音楽の精神においては、この「公と私」は決して媒介のない分裂した世界ではない。

古典派音楽におけるこの「公的なものと私的なもの」の間の絶妙な均衡について、私はいつも大指揮者チェリビダッケが公開リハーサルでいっていた言葉を思い出す。彼はオーケストラに向かってしばしば、「交響曲は拡大された弦楽四重奏であり、弦楽四重奏は交響曲のミニチュアだ」といっていた。交響曲を演奏するに際してオーケストラは、決して指揮者という独裁者の指令にただ服従するだけの集団《マス》であってはならない。それはまるで弦楽四重奏のように自発的に、勝手知った友人同士の会話のように親しげに奏でられねばならない。だが逆にいえば、友人同士の

Ⅳ‐6　**家庭で弦楽四重奏を楽しむアマチュアたち**（19世紀半ば頃）。**飾り気のない居間、友人同士の打ち解けた雰囲気、そして一心不乱に音楽に耳を傾ける真剣さ。これらは古典派以後のドイツの、とりわけ室内楽文化の特徴である。**

会話のような弦楽四重奏の中にも、交響曲がもつ社会性の萌芽が秘められている。それは決して馴れ合いになってはならない、丁々発止の議論でなければならないというわけだ（図Ⅳ‐6）。

思うに古典派の交響曲――とりわけハイドンとモーツァルト――の最大の魅力とは、この「公的な晴れがましさ」と「私的な親しさ」との均衡のことだと思う。交響曲だけではない。ハイドンの弦楽四重奏曲やミサ曲やオラトリオ、モーツァルトの協奏曲や管楽合奏曲やオペラなど、古典派音楽のすべてのジャンルが、この「シンフォニックな響き」に貫かれているのだ。たとえばモーツァルトの《ピアノ協奏曲第二五番》の第一楽章を聴いてみてほしい。これはモーツァルトのピアノ協奏曲の最高傑作の一つだが、あまり知られていない曲である。冒頭のファンファーレが鳴り渡る時の沸き立つようなざわめきと高らかなトランペットの響きの中には、バロック祝典の壮麗な残響がまだこだましている。だが同時に、この弾むようなしなやかさは、親しみ深さはどうだろう。モーツァルトの時代に公開演奏会が生まれはじめていたとはいっても、実際にそこを訪れることができたのが社会のごく一部の富裕層だったのは確かである。だが少なくとも理念の点で、ここでは「すべての人に開かれた音楽」というユートピアが、ほとんど完璧な形で実現されていると感じるのは、私だけではあるまい。

ソナタ形式と弁論の精神

こんな古典派音楽の時代に生まれた最も重要な音楽形式が、ソナタ形式である。古典派以前にソナタ形式は存在しなかったのである（バロック時代には曲のタイトルとして「ソナタ」が用いられることはあっても、それは「器楽曲」といった程度の意味でしかなく、形式としてのソナタは当時はまだなかった）。周知のように、古典派以後の交響曲や独奏協奏曲や弦楽四重奏曲や器楽ソナタは、いずれも三つないし四つの楽章から成っている。急速なテンポ（アレグロ）の第一楽章、ゆったりした牧歌的な第二楽章、舞曲（メヌエット）による第三楽章、そして再び急速なテンポによる第四楽章、である（三つの楽章しかない場合は、メヌエット楽章が省略される）。この多楽章形式の曲をオーケストラで演奏すれば交響曲に、四つの弦楽器で演奏すれば弦楽四重奏曲に、ピアノ独奏で演奏すればピアノ・ソナタに、ヴァイオリンとピアノで演奏すればヴァイオリン・ソナタになるというわけだ。そして古典派の時代に初めて確立されたこの多楽章形式の冒頭楽章で用いられるのが、ソナタ形式である。

ソナタ形式は基本的に、提示部・展開部・再現部の三つの部分から成る。提示部は二つの主題を文字通り提示する場所。この二つの主題は、それぞれ別の調性で現れる、つまり調的に対立している。次に展開部では、さまざまな調性の間を揺れ動いて音楽が不安定になり、しばしば（特にベートーヴェンでは）ここで主題がバラバラにされたり、変形されたりする。

提示部で示された素材を料理する場が展開部であり、作曲家にとっては最高の腕の見せ所だ。そして再現部では再び二つの主題が戻ってくるのだが、今度はこの二つの主題は同じ調性になっている。つまり主題の間の調的対立が解消されるのが、再現部である。

本当はソナタ形式にはいろいろな構成の仕方があって、右に述べたような図式が確立されるのはむしろ一九世紀になってからなのだが、いずれにせよ大事なことは、ソナタ形式が「対立を経て和解に至る形式」であるということである。提示部では――あたかも議論において二つの「テーゼ」が提示されるように――第一の主題と調性に対して第二の主題と調性が対置される。展開部は音の議論が展開される場であり、ここでは諸々の主題と調性が対立的に分解検証される。そして再現部は和解の場であって、ここでは二つの主題が同じ調性で戻ってくることによって、対立するテーゼの間に見解の一致が見出される。このような「音楽による議論」とでも呼ぶべき形式は、古典派以前には存在しなかった。

たとえばフーガでは、すでに触れたように、原則として一つの主題しか出てこないし、その主題はいつも同じ姿のままとどまっている。単にその陰影が少しずつ変化していくだけである。一つの主題が別の主題から「論争」をふっかけられたり、バラバラに分解検証されたり、変形展開されたりするといったことは、フーガでは起こらない。一つの曲は隅から隅まで同じ一つの主題で作られている。それはいわば、神によってはじめから一元的に統一されている予定調和の世界である。

もちろんバロックの協奏曲などでは、一つの曲に複数の主題が出てくる。つまり「対照」が存在している。たとえばヴィヴァルディの《四季》の「春」における冒頭楽章。最初の有名な主題（Aとしよう）の次に小鳥が鳴くような別の楽想（B）が置かれ、次いで再び冒頭主題が戻ってきてから（A）、今度は抒情的な別の主題（C）が、その次は嵐のような楽想（D）が来るといった具合に、さまざまな主題が対照される。だが「対照」と「対話」は違うだろう。ここでは単に性格が違う諸主題が並べられているだけなのである。対するにソナタ形式とは、音による「対話」ないし「議論」（およびその展開）であり、これこそ啓蒙の時代が生み出した最も輝かしい音楽形式であった。

モーツァルトとオペラ・ブッファ

右に述べたバロックの協奏曲などにおける主題の「（単なる）交代対照」と、古典派のソナタ形式における複数の主題の間の「対話的性格」を、二つのタイプのドラマに喩えてみよう。前者はいわば、何人かの登場人物がかわるがわるに舞台に出てきて独白するのに似ている。まず王が登場して、国の窮状についてひとくさり語って退場。次に女王が出てきて王への愛を歌い退場。次いで再び王が現れ、迫り来る敵の軍隊のことを語って退場すると、次に王子が現れて敵国の姫への恋心を告白し、再び退場等々……。これがバロックの対照形式だ。ソナタ形式は違う。たとえばある青年が自分の恋人の美貌と貞節を褒《ほ》め称《たた》えていると、懐疑的な初老の哲学者がやってきて「女性に永遠の貞節を求めるなど愚の骨頂」と議論を挑む。気を悪くした青年の反論、そして頑として自説を曲げない哲学者の再反論……。これがソナタ形式の精神である。

オペラに通じている人なら、このドラマの喩えですぐにピンと来るはずである。まず前者の「王が登場して退場し、次に女王が登場して退場し云々」というのは、ヘンデルによって代表されるようなバロック時代のオペラ（オペラ・セリア）の典型的な筋立てに他ならない。そして後者の「女性の貞操をめぐる議論」は、いうまでもなくモーツァルトの喜劇オペラ《コシ・ファン・トゥッテ（女はみんなこうしたもの）》の冒頭場面だ。つまり二つのタイプのドラマの喩えでもってわれわれは、器楽曲だけでなく、古典派のオペラのありようについても、バロックとの決定的な違いを示すことができるのである。

バロックはオペラが生まれた時代であると同時に、最も大量にオペラが作られた時代でもあったわけだが、その大半は「オペラ・セリア」と呼ばれるジャンルだった。これは神話や古代社会を舞台にするもので、登場人物は常に王侯貴族である。悲劇といえなくもないが、悲劇の荘重さを保ちつつ、最後は神の加護によってハッピーエンドで終わるのが特徴だ。それは君主の徳と寛大さと王権の正統性を賛美する一種の教訓劇であって、その多く（モーツァルトの《イドメネオ》や《皇帝ティトゥスの慈悲》はオペラ・セリアの歴史の最末期の作品である）は、われわれの感覚とかなりかけ離れたものである。次々に王やら王女やら王子やらが登場しては物々しくアリアを歌い、そして退場するだけであって、そこには人間同士の生きた生きした絡み合いがほとんどないのである。このことは、バロックのオペラ・セリアが「王侯のためのオペラ」だったことと深く関係しているのだろう。そこに映し出されているのは、われわれのような市民ではなく、王たちの世界なのだ。王族はいつもたった一人で孤立して存在している印象を与える。威厳に満ちた、しかし石像のような、いつも同じ表情をして……。彼らは内側の生きた感情の揺れというものをほとんど感じ取らせない。

こんなオペラ・セリアに対して、時代がバロックから前古典派へ移行していくとともに徐々に擡頭《たいとう》してきたのが喜劇オペラ、すなわちオペラ・ブッファである。その起源はオペラ・セリアの幕間劇《インテルメッツォ》で、能と能の間に上演される狂言のようなものだったと思えばいい。先述したように、ペルゴレジの傑作《奥様女中》もこうした幕間劇である。このオペラ・ブッファは一八世紀後半になるとどんどん規模が大きくなり、構造的にも複雑さを増していき、オペラ・セリアをも凌ぐ人気を博しはじめた。このオペラ・ブッファの黄金時代を代表するのがパイジェロ（一七四〇―一八一六年）、チマローザ（一七四九―一八〇一年）、サリエリ

（一七五〇―一八二五年）、そして誰よりもモーツァルト（一七五六―九一年）である。

日本の狂言もそうだが、喜劇の主役は常に庶民である。喜んだり悲しんだり、バカにしたり怒ったり、議論をふっかけたり、疑ったり、からかったりからかわれたり――彼らはわれわれと同じ、等身大の生身の人間だ。王侯のような孤高の存在ではない。絶えず他の人たちと「ともに」生きていて、その中でさまざまな顔を見せる、生きた人間なのである。漫才などを見ても分かるように、喜劇に要求されるのは「演技」、それも「かけあいの妙」であって、しかもオペラ・ブッファの場合、これを音楽で表現する必要が出てくる。そしてモーツァルトこそは、音でこの「かけあい」を表現する、音楽史上で最大の名手だった。

もちろんモーツァルトのオペラ・ブッファはアリアや二重唱も名作ぞろいだが、その最高の見せ場は何といってもアンサンブル、とりわけ中間幕のフィナーレである。《フィガロの結婚》なら第二幕、《ドン・ジョヴァンニ》なら第一幕、《コシ・ファン・トゥッテ》も同じく第一幕だ。これらの幕のフィナーレでは、次から次へと立て続けに予想外の事件が起きて、どんどん筋が錯綜していく。《フィガロ》第二幕の場合、自分の留守中に夫人が小姓のケルビーノを部屋に連れ込んだと知ったアルマヴィーヴァ伯爵が怒り狂うところから始まり、それを小間使いスザンナの機転でうまくごまかしたと思う間もなく、次に従僕フィガロがまずいタイミングで舞台に登場し、酔っ払った庭師アントニオまで現れてますます状況がややこしくなり、それでも何とかフィガロが言い逃れをして事なきを得たと思うと、今度は医者のバルトロと音楽教師バジリオを引き連れた調度係のマルチェリーナがやってきてフィガロに結婚契約の履行を迫り、大騒ぎになるという具合である。

このような台本を音楽にする場合、いったいどんな困難が作曲家を待ち受けているか考えてみよう。アリアや愛の二重唱と違って、ここでは一つの場面にじっくり時間をかけている暇などない。その場の状況や人物のキャラクターや感情や身振りが瞬時で聴き手に理解できる印象的な楽想を、次々に繰り出す必要がある。芝居のたたみかけるようなテンポを損なわないためである。しかもこれらの主題は、互いに似ていたりしてはならない。まったく違う楽想が、次から次へ溢れ出してこなければならないのである。これは作曲家にとって最高の試練のはずだが、それを楽々とやってのけるのがモーツァルトだ。たとえば《フィガロ》第二幕のフィナーレで使われる主題は、少なくとも二〇を下らないはずである。剣を抜いて怒り狂う伯爵、慈悲を請う夫人、小部屋から澄まして現れるスザンナ、意表をつかれた伯爵の戸惑い、ほっと胸を撫で下ろす夫人、伯爵をなじるスザンナの芝居がかったポーズ等々。これらをモーツァルトは、まるで一筆書きの似顔絵のように流麗に描き出していく。

しかもこれほど互いに異なる主題を繰り出しながら、決して形式が瓦解しないのが、モーツァルトの音楽の凄いところだ。互いにここまで性格の違う無数の主題がこれほど自然に同居していることが、どれほどの奇跡であるのか、聴き手がほとんど気づくことすらないほど、それほど自然に全体が統一されているのである。おそらく並の作曲家なら、万が一これらの楽想を思いついたとしても、それらをどう統一していいのか、どうにも収拾がつかなくなっていたに違いない。だがモーツァルトはそれらを軽々と、ほとんどシンフォニックとすら呼びたくなるような、壮大な統一体へとまとめあげてみせる。実際モーツァルトのオペラ・ブッファのフィナーレは、彼の最高の交響曲だといってもいいほどである。そしてそれを支えているのが、ソナタ形式と同じく、さまざまな主題や調性を縦横無尽に変形させ、対話させ、絡ませていく作曲技術に他ならない。

ベートーヴェンと「啓蒙の音楽」のゆくえ

「ウィーン古典派の三大巨匠」といっても、ハイドンおよびモーツァルトとベートーヴェン（一七七〇－一八二七年）では、かなり音楽の性格が違う。そもそも活動した時期がかなりずれているのである。モーツァルトが亡くなったのは一七九一年だから、フランス革命勃発の二年後。それに対してベートーヴェンが作品一（ピアノ三重奏曲）を発表したのが一七九五年。そしてハイドンの実質的に最後の作品となったオラトリオ《四季》は一八〇一年作曲であるのに対して、ベートーヴェンが最初の交響曲を書いたのが一八〇〇年。やや図式化していえば、モーツァルトは「革命以前の人」、そしてハイドンは「革命後もしばらくは活動していた人」であるのに対して、ベートーヴェンは「革命後の人」であり「一九世紀の人」なのである。

ベートーヴェンの作曲活動は、時期的に意外な人たちと重なっている。ロッシーニ（一七九二－一八六八年）が最初の大当たりをとったオペラ《タンクレディ》は一八一三年初演だから、ベートーヴェンが第七交響曲を書いていた頃になる。そしてロッシーニ最後のオペラとなった《ウィリアム・テル》は一八二九年初演、つまりベートーヴェンの死の二年後。またシューベルト（一七九七－一八二八年）の《魔王》は一八一六年作曲で、ベートーヴェンの後期への移行がそろそろ始まる頃。ウェーバー（一七八六－一八二六年）の《魔弾の射手》の初演は一八二一年で、ベートーヴェンの《第九》（一八二二－二四年作曲）よりも前の作品。そしてベルリオーズ（一八〇三－六九年）の《幻想交響曲》初演は、ベートーヴェンの歿後わずか三年後の一八三〇年。もちろんベートーヴェンを「ロマン派の作曲家」と呼ぶことはできないにしろ、彼の創作のかなりの部分は初期ロマン派の作曲家たちと時代的に重なっているのである。

ハイドンおよびモーツァルトと比べた時のベートーヴェンの決定的な違いは、彼の音楽が一八世紀までの貴族世界と決定的に縁を切っている点にある。たとえばベートーヴェンの音楽に頻出する――よく揶揄されるところの――「拳を振り上げる」が如き身振り。演説台をドンドン叩くような身振りといってもいい。こうした「無作法」は、決してハイドンやモーツァルトの音楽には現れない。たとえばハイドンの音楽は、啓蒙の時代のサロンにおける、貴族と市民哲学者との対話を連想させる。辛辣で挑発的で、時に緊張をはらむことはあっても、それは決して宮廷マナーを逸脱することはない。チェスで知恵比べをするかのように、相手の意表をつくような手を打つ時でも（彼の交響曲はこうした不意打ちの要素に満ち満ちている）、絶えず口元には品のいい微笑を浮かべながら相手の出方を待つといった風なのだ。ベートーヴェンは違う。それはしばしば、ウィットというよりも、挑戦状を叩きつけるような、あるいは食って掛かるような調子になるのである。

彼の交響曲における第三楽章の性格にも注目したい。周知のようにハイドンやモーツァルトの交響曲では、第三楽章は必ずメヌエットで書かれたのだが、このメヌエットは一八世紀の代表的な宮廷舞踏だった。そして興味深いことに、この第三楽章の中間部には必ず、メヌエットとは対照的に民衆的な性格をもつトリオが置かれていた。太っ腹な貴族が祝宴に農民たちも招待し、宮廷の広間ではメヌエットが、屋外では民衆舞踏が、夜通し踊られる――《フィガロの結婚》の第三幕や《ドン・ジョヴァンニ》の第一幕フィナーレでおなじみのそんな一八世紀世界の縮図が、交響曲の第三楽章だったのである。しかしながらベートーヴェンの交響曲の第三楽章には、もはや貴族世界は存在しない。それは典雅なメヌエットではなく、突撃するスケルツォになる。よく知られているように、彼の第一交響曲の第三楽章は「メヌエット」と題されているにもかかわらず、実質的にはスケルツォである。右に挙げたモーツァルトの《ドン・ジョヴァンニ》第一幕の舞踏会の場面では、貴族のドン・オッターヴィオとドンナ・アンナが踊るメヌエットと、庶民のレポレロとマゼットが踊る庶民的なドイツ舞曲とが、同時に鳴り響いていた（その間ドン・ジョヴァンニとツェルリーナはコントルダンスを踊っている）。これは貴族世界と庶民のそれとの融和の象徴だった。たとえそれがかりそめの和解であり、次の瞬間にはツェルリーナの悲鳴によって引き裂かれるとしても、である。だがベートーヴェンの交響曲の第三楽章では、このドン・ジョヴァンニの晩餐会はもはや成立しえない。メヌエットは疾走するスケルツォによって粉砕される。放蕩《ほうとう》貴族ドン・ジョヴァンニに怨嗟《えんさ》の眼差しを向ける農民マゼットの憤怒から生まれてきた音楽、それがベートーヴェンだとすらいえるかもしれない。

ベートーヴェンにおいては、終楽章もまた大きくその性格を変えることになる。ハイドンやモーツァルトの交響曲（ピアノ協奏曲なども同様だが）では、最もがっしりした構成をもち、内容的に最も重いのは第一楽章であり、それに対して終楽章は、晴れがましく軽快で、浮き立つような祝典的性格をもっていた。それは、モーツァルトのオペラ・ブッファのフィナーレにおけるハッピーエンドと同質の、「いろいろあったけれど、万事めでたしめでたし」なのだ（短調の交響曲は別だが）。だがベートーヴェンの交響曲の終楽章は、すでに第一交響曲からして、ハッピーエンドというにはあまりにもエネルギッシュな疾風怒濤の突進となる。第二、第四および第七交響曲の終楽章もこのタイプだ。そして第三交響曲「エロイカ」や第五交響曲「運命」や第九交響曲「合唱」においては、終楽章は「勝利の賛歌」へと高められることになる。ベートーヴェンの交響曲で「軽やかな終楽章」をもつのは、第六交響曲「田園」と第八交響曲（これはハイドン的な交響曲へ戻ろうとする擬古典的な性格をもった作品である）だけであろう。ハイドンやモーツァルトには見当たらず、ベートーヴェンになって初めて現れるのは、この「右肩上がりに上昇していく時間の理念」である。コーダへ向けて、終楽章めがけて、いやましに昂揚していく音楽——ここにヘーゲルやマルクスやダーウィンを生んだ一九世紀的な進歩史観の刻印を見ることはたやすい。なおベートーヴェン以後、第一楽章ではなく終楽章を全曲で最も重くする傾向はますます加速されていくが、もちろん例外もある。シューベルトの第六交響曲まで、あるいはブラームスのピアノ協奏曲第二番、もっと後になるがマーラーの第四交響曲（第五および第七にもこの傾向がある）などが、それである。ただしこれらは、まさにこの「軽いフィナーレ」のゆえに、ベートーヴェン以前の楽章構成に立ち戻ろうとする（つまりベートーヴェン的な力技を回避しようとする）擬古典的性格をもっていると考えられるだろう。

この「限りない昂揚の追求」とでも呼ぶべき傾向と並んで、彼の音楽の中の消し去ることができない何か集団《マス》的な調子にも、注意をうながしたいと思う。それは——少々皮肉な言い方をするなら——シュプレヒコールを叫びながら行進していく群衆のごときノリだ。フランス革命に際して《ラ・マルセイエーズ》をはじめとする多くの革命歌が作られ、ベートーヴェンがそれらの影響を受けたことは、よく知られている。これら革命歌はいずれも、いわば「エイエイオー」行進曲風のものなのだが、ベートーヴェンの音楽にも随所に同じ調子が見られるのである。そしてその典型といえば、やはり《第九》のフィナーレを挙げないわけにはいかないだろう。とりわけ第三楽章の比類ない深さにもかかわらず（それを否定する人は誰もいないはずだ）、この終楽章の、それこそ「エイエイオー」調に対しては、多くの人々が実は拒絶反応を示してきた。たとえばトーマス・マンは音楽小説『ファウストゥス博士』の中で、主人公のレーヴァーキューンに次のようにいわせている。「善なるもの、高貴なるもの、つまり善かつ高貴であるにもかかわらず人間的などと言われているもの、そんなものはあってはならない。それを求めて人間たちが闘い、城砦を作り、理想の実現に満たされた者たちが熱狂的に告げ知らせたもの、そんなものはあってはならないんだ。そんなものは撤回するんだ」。これを聞いた友人ツァイトブロームの「何を撤回しろというんだね？」という

Ⅳ-7　19世紀半ばのオランダにおける《第九》の演奏会。「1000人の第九」的な催しはすでにこの頃からあったのだ。遠目には何やら政治集会のようにも見える。とすれば、指揮者はさしずめ演説をする指導者か。

問いに、レーヴァーキューンは「第九交響曲さ」と答えるのである。《第九》が啓蒙の時代の「すべての人々に開かれた音楽」という理念の究極の到達点だったことは間違いない。「一〇〇〇人の第九」といった催しが証明しているように、ここでは万人が参加できる音楽の祝典が、本当に実現されている。モーツァルトの音楽の優美な友愛の世界には、実は「誰もが参加する」ことはできない。《ジュピター》（交響曲第四一番）の終楽章に合唱を加えて誰もが歌える賛歌に仕立てるとか、《魔笛》のフィナーレを一〇〇〇人で歌ったりするなどということは、絶対

Ⅳ－8　こちらは18世紀半ばの貴族の館における演奏会の様子。モーツァルトのピアノ協奏曲なども、こうした場所で演奏されたのだろう。19世紀の第九演奏会とは何から何まで対照的だ。

にできないのだ（《運命》の終楽章では可能だろう）。こうした集団化に耐えるには――これは皮肉なことであるが――それらはあまりにも貴族趣味であり、要するに精巧で線が細いのである。実際ベートーヴェンの《運命》や《第九》フィナーレは、アマチュア・オーケストラでもそこそこの演奏ができる場合があるだろうが、モーツァルトの交響曲に素人が挑戦するのは相当な賭けだ。大勢の人間が野太い声を合わせて歌うといったマス化に、それらは耐えられない。それに対して、《第九》における「すべての人々が参加できる祝典」は、ほとんどシュプレヒコールすれすれの単純化と集団化によって可能になったといえば、誇張が過ぎるだろうか（図Ⅳ-7および8）。「音楽の万人への開放」という理念が本当に実現された時、それは「集団へ熱狂的に没入する快感」ともいうべきものと紙一重のものになったのである（晩年の弦楽四重奏曲やピアノ・ソナタでベートーヴェンが、あたかも《第九》終楽章への反動のように集団的熱狂を拒絶し、群衆的なものから個人を徹底的に切り離して、誰とも分かち合うことができない孤独へ沈潜することを聴衆に求める秘教的な音楽を書いたことも、決して忘れてはならないが）。

とはいえ、やはりベートーヴェンこそが古典派音楽の最良の美質の継承者であり、その完成者であることは、改めていうまでもない事実だ。主観と客観、意志と形式、横溢する生と自己規律の間の均衡――この古典派音楽の理念の完成を成し遂げたのが、ベートーヴェンなのである。たとえば《交響曲第三番「エロイカ」》（一八〇四年）の第一楽章。この途方もない起伏と推進力に肩を並べることができる作品は、これ以前にも以後にも存在しなかった。音響的な迫力の点でベートーヴェンに勝るロマン派の作品はいくらでもある。ベルリオーズやワーグナーやリヒャルト・シュトラウスやマーラーなど、その典型である。だが彼らはエネルギーを、巨大オーケストラという物量作戦によって生み出さねばならない。対するにベートーヴェンは、音量に任せて聴衆を威圧する必要はない。ハイドンやモーツァルトの頃とあまり変わらないオーケストラの容量で彼には十分なのであって、その力のすべては内側から漲《みなぎ》り湧き出てくるのである。そもそもロマン派の作曲家（シューベルトにしてもシューマンにしても）は、自らの想像力の赴くままに曲を書こうとすると、形式から逸脱して空想に耽溺してしまう傾向がある。逆に形式を完結しようとすると硬直した図式に陥りがちなのも、ロマン派の特色である。だがベートーヴェンは、自由に想像力の翼をはばたかせながら、十二分に言い切り、言い尽くし、そして完成する。《エロイカ》の第一楽章では、何度となく別の調性や主題の侵入によって「異議申し立て」がなされ、エネルギーに満ちた主題は思いもしない転調によって逸脱を重ね、果てしなく膨張しながらも、決して瓦解することなく、限りない多様性を孕《はら》みながら、最後は確固たる意志でもって統一されるのだ。

シューベルトの《交響曲第七（九）番「グレート」》（一八二五―二八年作曲、明らかにベートーヴェンを意識して作られた作品である）を引きあいに出してみれば、ベートーヴェン作品の途方もなさがいったいどのあたりにあるか、具体的に分かるはずである。この「グレート」の終楽章は、あたかも熱に浮かされたように、果てしなく突進し続ける。これは推進力《デュナーミク》の点で中期ベートーヴェンに匹敵する、数少ない交響曲の一つだろう。だがシューベルトの熱狂には、ベートーヴェンにはない刹那的なところがある。それは一度立ち止まるや、急激に失速して墜落してしまうような類《たぐい》の忘我なのだ。シューベルトは結局のところ、ひたすら前へ進み続けるうちに、「終わりどころ」を見失ってしまう。まるでエネルギーが尽きた列車が急に動かなくなってしまうように、この楽章は唐突に停止するのである。ベートーヴェンにあってシューベルトにはないもの、それは「いうべきことをすべていい切った」という充実感、「それはまさにここで終わらねばならないのだ」という必然性の確信である。

ハイドンや、いわんやモーツァルトと比べて、ベートーヴェンの音楽は決して聴いてすぐ美しいと思えるようなものではない。彼の作品の主題のほとんどどれもが、誰でも考えつきそうな凡庸なものだとすらいえるだろう。だがベートーヴェンは、飽くことなくそれらを研磨し、組み合わせ、積み上げ、完成する。専門用語でいえば主題労作《テマティイッシェ・アルバイト》（または主題加工）をする、つまり労働《アルバイト》するのだ。「魅惑的な着想の天分」という点でベートーヴェンに勝る作曲家はいくらでもいただろうが、音楽史で彼ほど働いた＝主題労作をした人はいない。『音楽社会学序説』の中でアドルノは、一九世紀初頭における近代市民社会的な労働の成立とベートーヴェンの主題労作の技法との同時代性に注目している。天賦の才ではなく労働によって大きな建物を作り上げていくベートーヴェンの音楽が、一九世紀市民社会によってあれほど崇拝されたのは、彼らがそこに「勤労の美徳」の音による記念碑ともいうべきものを見出したからではなかっただろうか。

第五章　ロマン派音楽の偉大さと矛盾

一九世紀音楽――「個性」の百花繚乱

一九世紀は、西洋音楽史の中で最も魅力的であると同時に、最も歴史を語ることが困難な時代である。いうまでもなくこの世紀には、なじみの「大作曲家」の名前がずらりと並んでいる。シューベルト、シューマン、リスト、ワーグナー、ブラームス、ベルリオーズ、ロッシーニ、ヴェルディ、スメタナ、ドヴォルジャーク、チャイコフスキー等々――かつて通《かよ》った小学校の音楽教室に肖像写真が並んでいた大作曲家たちの大半が、一九世紀の人だ。にもかかわらず、なぜこの世紀の音楽史を語るのがそんなにも難しいのか。その理由はまさに、この偉大な個性の眩《まばゆ》いばかりの百花繚乱にある。「音楽史を語る」とは、単に大作曲家と名曲の名前を列挙していくことではない。音楽史は名曲案内とは違う。歴史を語るとは、多様さがそこへ収斂していくような「軌跡《コース》」を見出すことに他ならない。ところが一九世紀の場合、一人一人の作曲家の個性があまりにも強烈すぎるせいで、それらを歴史という道へ回収することが極度に難しくなってしまうのである。それにしても一九世紀においていったいなぜ、かくも多様な個性が、一気に開花したのか？　これと密接に関係しているのが、この時代に生まれた新しい聴衆層である。

この世紀は、一八世紀以来の音楽の市民化の流れが、さらに加速され完成に至った時代である。それまで実質的に貴族と教会の独占物だった音楽を、今や市民たちも嗜むことができるようになってきた。オペラ劇場にボックス席をもち、オーケストラの定期演奏会に通い、ピアノを購入して娘にそれを習わせることが、彼らにも可能になったのである。市民にとって「音楽のある暮らし」は、「努力次第で手が届くワンランク上の生活」の象徴となる。オペラ劇場であれ、コンサートホールであれ、サロンであれ、自宅の居間であれ、音楽に耳を傾ける時彼らは、新しいよい時代が来たことを、そして自分たちもまたハイソサイエティの仲間入りをしたことを、しみじみ実感したことだろう。人々が競って「音楽」というブランドを求めはじめた時代、それまででは考えられないくらいに広汎な聴衆が出現してきた時代、それが一九世紀である。

もちろんこのことは、音楽家にとってひとまず吉報だった。第四章でも述べたように、今やパトロンの気ままな趣味に束縛されることなく、自由に「自分を世に問う」ことができる。しかも売れっ子になったら、全ヨーロッパにとどろく名声と高額の報酬が待っている。ロッシーニやマイヤベーアやリストやヴェルディが享受したような世間からの尊敬と目も眩む報酬は、前世紀ではまず考えられないものだった。

しからば新しい社会に自分を売り込むために、最も必要だったものは何か？　従来の作曲家は、祝典音楽でもオペラ・セリアでもオペラ・ブッファでもミサでもトリオ・ソナタでも、パトロンの求めに応じて何でも書けなければならなかった。求められたのは、さまざまな「型」を完璧にマスターしていて、どれも手際よく仕立てられる職人であって、独創的な芸術家などではなかった。だが自由市場で何より威力を発揮するのは、強烈なキャラクターである。目立たないことには埋もれてしまう。そこでは職人は分が悪い。交響曲から協奏曲、弦楽四重奏、ピアノ曲、歌曲、無伴奏合唱曲まで、何でも万遍なく手堅く書けたメンデルスゾーンやブラームスのような人々は、一九世紀においては「アカデミック」といった否定的なレッテルを貼られがちになる。それとは対照的に、あまり趣味がいいとはいえないが、猛烈にアクが強いベルリオーズやリスト、あるいは自分の得意ジャンルばかりに創作が集中しているショパンやワーグナー（時期ごとに特定のジャンルばかりを集中的に書いたシューマンも、このタイプといえるだろう）などは、一九世紀音楽史のヒーローである。「職人的うまさ」か

Ｖ－１　ライプツィヒのゲヴァントハウスでは、すでに18世紀の終わりから公開演奏会が定期的に催されていた。それは原則としてすべての市民に対して開かれた演奏会であった。

ら「芸術家の独創性」へ——これが一九世紀音楽史の大きな流れの一つであり、その背後にあったのが、音楽における自由市場の形成である。

批評、音楽学校、名作

一九世紀に入ると貴族と教会は、音楽のパトロンというそれまでの特権的地位を市民に譲り渡し、音楽史の舞台からほぼ完全に退場する。代わって公開演奏会が定着し（図Ｖ－１）、お金を出せば誰もが音楽を聴けるようになり、楽譜出版は隆盛を極めた。少なくとも理念的には作曲家たちは、演奏会や楽譜を通して「公論」に自らをアピールすることが完全に可能になった。かくして——そんなことが本当に可能かどうかは別として——かつての貴族の多分に私的な「趣味」に代わり、音楽をより「公正に」判断すべく登場してきたのが、音楽批評である。無数の音楽雑誌が創刊され、新しく出版された楽譜のほぼすべて、そして評判になった演奏会やオペラ公演の多くが、批評の対象とされるようになる（シューマンやベルリオーズもまた、音楽批評家としての活動を盛んに行なっていた）。これは、現代において新譜CDのほぼすべてが音楽雑誌で評されるのと、ほぼ同じ状況である。

一九世紀における音楽批評の究極の使命は、「演奏会という公共空間において演奏されるにふさわしい作品」＝「末永く聴かれるに値する記念碑的作品」を選定することだったと考えていいだろう。まだ知られていない優れた才能を、世に送り出すのだ。雑誌『一般音楽新聞（*Allgemeine Musikalische Zeitung*）』でショパン（一八一〇－四九年）を紹介した際のシューマン（一八一〇－五六年）の、あの有名な「諸君、脱帽したまえ、天才だ！」という言葉は、まだ誕生して間もなかった当時の音楽批評の初々しくも誇り高い抱負を物語ってあまりある（こうして「名曲レパートリー」が一九世紀から二〇世紀前半に確立された後、二〇世紀後半においては「名曲についての末永く聴かれるに値する演奏」＝「名演」を選ぶことが、音楽批評の主たる役割になる）。

こうした「後世に残すべき名作を選定する」という批評の営為は、同時代だけでなく、過去の音楽にも及びはじめる。シューベルトの《交響曲第七（九）番「グレート」》や遺作の三つのピアノ・ソナタを発見した音楽批評家としてのシューマン、批評家でこそなかったものの、バッハの《マタイ受難曲》を一〇〇年ぶりに復活演奏したメンデルスゾーン（一八〇九─四七年)などが、その典型である。またベルリオーズもベートーヴェンの偉大さを語ってやまなかった（当時はまだ批評家と作曲家は今日のように完全に分離してはいなかったのだ）。とりわけドイツ語圏の場合、フランスやイタリアに対抗しようとする文化ナショナリズムも加わって、批評家や学者たちは自国の過去の大作曲家を次々に発掘しては、その「偉大さ」を称揚する傾向にあった。一九世紀は、バッハやヘンデルやモーツァルトやベートーヴェンといった「大作曲家」の伝記が次々に書かれ、その資料や作品目録が整理されていった時代でもある。一九世紀は、大作曲家と名作と音楽批評と伝記が生まれた時代だった。

名作を発見するのが批評や伝記だとすれば、それを大切に保存していくうえで欠かせなかったのが音楽学校である。近代的な音楽学校のモデルとなったのは、一七九二年に作られたパリ音楽院である（ヴェネツィアやナポリなど、イタリアではそれ以前にも音楽学校があったが、それらは孤児院のような性格をもっていた）。音楽学校という制度が定着したのは、実質的に一九世紀のことだ。プラハ（一八一一年）、ウィーン（一八一七年）、ミラノ（一八二四年）、ライプツィヒ（一八四三年）、ベルリン（一八五〇年）、モスクワ（一八六六年）など、名だたる学校が次々に設立される。音楽学校とはつまり、封建的な徒弟制度ではなく、ある程度の才能がある生徒なら誰もが音楽の体系的な高等教育を受けられる民主的制度であって、これもまた一九世紀における「音楽の公共化」の産物であった。

今日「音楽の勉強」といえば、ほとんど「楽器演奏の勉強（ヴァイオリンの勉強、フルートの勉強等々）」と同義である。だが一八世紀までの徒弟制度的な音楽家養成（その詳細については分かっていないことも多いが）においては、音楽学習は何より「作曲の勉強」を意味した。音楽家はあくまで、自分の作品を自分で弾いて人前に披露できるようになるために、楽器を学んだのだった。少なくとも独奏者の場合、演奏とは基本的に自作自演のことであって、もっぱら他人が作った作品ばかりを演奏する「演奏家」などというものは存在しなかった。それに対して音楽学校の場合、入学当初から「専攻」が決められている。ヴァイオリン科やピアノ科に入学した生徒は、ほとんどもっぱら自分が専攻する楽器だけを、しかも「巨匠の名作」に即して学ぶ。自分で作った曲をレッスンにもっていくヴァイオリン科の生徒などというものは想像もできないだろう。この「音楽学校で過去の優れたレパートリーを学ぶ」という制度もまた、「名作の成立」を促した要因の一つだったと考えられる。とりわけドイツの音楽学校ではバッハやモーツァルトやベートーヴェンの作品が、まるで聖典のような畏敬の念をもって教えられ、学ばれたことはいうまでもない。

端的にいって一八世紀までの音楽は、原則として一度（ないし数度）演奏したらそれで終わりの消耗品だった。オペラの場合、ヒットした作品が別の都市でも上演されたりすることはあったが、それでも数年たてばレパートリーから消えるのが常だった。大事なことは「その時その場での需要を満たす」ということ（具体的にはパトロンの要求に応えること）であって、「永続的にレパートリーに残るものを書く」という意識は、作曲家にはあまりなかった。その意味で一八世紀までの西洋音楽における作曲意識は、たとえば今日のポピュラー音楽とあまり変わらなかったといってもいい。それに対して一九世紀とは、「名作」を軸に音楽史が展開しはじめた時代だった。過去の偉大な音楽が演奏会レパートリーに取り入れられるようになったのは、一九世紀（とりわけ後半）になってからのことなのである。バッハはパレストリーナを知っていたが、決してそれを演奏したりはしなかった。また晩年のモーツァルトは大バッハの作品を知っていたが、それを演奏会で弾きはしなかった（ただし彼はヘンデルの《メサイア》を編曲している――ヘンデルは音楽史上で初めての、死後も継続的にその作品が「名作」として上演され続けた作曲家である）。だがメンデルスゾーンやリストやクララ・シューマンやアントン・ルービンシュタインやハンス・フォン・ビューローは、バッハやベートーヴェンを演奏会で弾いた。一九世紀において演奏会は、過去の不滅の傑作を陳列する音の美術館になりはじめた。

かくして一九世紀の多くの作曲家たちの間には、「バッハやベートーヴェンの横に並べても恥ずかしくない『不滅の名作』を書かねば」という使命感が芽生えてくる。一八世紀までは演奏されるのは原則として同時代の作品だけだったのに対して、一九世紀の公開演奏会では過去の名作と同時代の新作が並べて演奏されるようになったのだから、作曲家が「偉大な過去」を意識するようになったのも当然だろう。自分の書いた演奏会用序曲がベートーヴェンの交響曲に先立って演奏されるというようなことが頻繁に起こるようになったのだから、これは作曲家にとって大変なプレッシャーだったはずである。シューベルトは多くの交響曲やピアノ・ソナタを構想しては破棄したし、シューマンやブラームスは最初の交響曲を書くまでにおそろしく時間がかかった。これらはすべて、過去の偉大な名作（具体的にはベートーヴェン）に対する、一種のエディプス・コンプレックスのゆえだったと考えられる。「交響曲を、あるいはピアノ・ソナタを書く以上、ベートーヴェンに匹敵するものにしなければ……」という過剰な気負いである。

リストやワーグナーが「未来音楽」といい、マーラーが「やがて私の時代が来る」と述べた背後にあったのも、同じ歴史意識である。「作曲家にとって大事なのは、『過去』の大いなる遺産に匹敵する記念碑を『未来』に残すことであり、『現在』など取るに足らないものなのだ」、そして「あまりに偉大なものは、浅はかな同時代人には受け入れられないのだ」という考え方――これはとりわけドイツで強かった傾向であり、これは「まずは目の前の需要を満たす」ことを優先する傾向にあったフランスやイタリアの作曲家とは対照的だった。とりわけ絶大な一般人気を誇っていたロッシーニやマイヤベーア（彼はベルリン生れのユダヤ人で、そのオペラはパリで大成功した）はシューマンやワーグナーの怨嗟の的で、彼らには執拗に「同時代人の軽薄な好みへの迎合」という非難が浴びせられた。かくして一九世紀において、「時代を超えたドイツの偉大な名作vsイタリアやフランスの軽薄な流行音楽」という図式が作られていくのだが、これについては後に詳しく述べよう。

ハッタリと物量作戦

すでに述べたように一九世紀は、それまでは考えられなかったほど広汎な聴衆層が出現した時代だった。音楽は「みんなのもの」になりはじめる。しかしながら音楽の民主化が――マス化現象の常として――聴衆の質の少なからぬ低下をもたらしたのもまた、否定できない事実である。一八世紀までのパトロンたちの中には、選り抜きの審美眼をもった人々が多くいた。プロイセンのフリードリヒ大王はクヴァンツをフルート教師として雇っていたし、ドメニコ・スカルラッティはポルトガル王女のチェンバロの家庭教師、ハンガリーのエステルハージ家のお抱え音楽家はハイドン、ベートーヴェンの貴族のパトロンの中には職業音楽家を凌ぐピアノの腕をもった人もいた（図V-2および3）。それに対して一九世紀になると、貴族の真似をしてオペラや演奏会に集まってくるような成金スノブが、大量に出現しはじめる（図V-4）。

V－2、3、4　若い貴族のヴァイオリン伴奏でチェンバロを弾く18世紀の貴婦人（上左）**、フルートの名手として有名だったプロイセンのフリードリヒ大王**（上右）**、そして……「1851年にピアノを弾かない人間は何と不幸なことか！」と題された19世紀半ばのカリカチュア**（猫も杓子もピアニストになろうとしている様子が面白おかしく描かれている）**。これらを見比べれば、19世紀における音楽の大衆化がリアルに分かるだろう。**

V－5　1846年に描かれたベルリオーズのカリカチュア。その物量作戦に人々が肝をつぶしている様子がおかしい。

このあたりの事情を雄弁に語ってくれるのが、ベートーヴェンの弟子であり、ピアノのための数多くの練習曲で有名なカール・ツェルニー（一七九一－一八五七年）である。彼によれば、あるパッセージをゆったりしたテンポで、静かにレガートでもって美しく弾いても、あまり拍手は得られない。それよりも、そのパッセージをスタッカートで、速く、ブリリアントに弾いた方がいい。ツェルニーいわく、「いずれにせよ聴衆の大半は、感銘を与えるよりも、アッといわせる方が簡単な客」であり、「こうした大勢の玉石混淆の聴衆に対しては、何か途方もないものによって不意打ちする必要がある」（一八三〇年に出版された教本『演奏について』）のである。繊細さや知的な面白さではなく、「スゴイ！」といわせる方が容易なこの種の聴衆の出現は、音楽のありように根本的な変化をもたらすことになる。それはいわば、作曲原理としてのハッタリである。

　一九世紀の多くの作曲家が武器としたのは、何より大音量と高度な演奏技術である。一九

Ｖ‐６　1878年のパリ万博におけるピアノ会社のブース。ベヒシュタイン、ブリュトナー、スタインウェイ、イーバッハなど、19世紀後半においては数多くのピアノ・メーカーが技術開発にしのぎを削っていた。万博名物の一つが、彼らの出品する最新モデルのピアノだった。

世紀は「大向こうを唸らせる効果」に取り憑かれた時代だったといってもいい。オーケストラは果てしなく膨張していく。一八三〇年（ベートーヴェンが亡くなったわずか三年後）に初演されたベルリオーズの《幻想交響曲》はすでに、二本のコルネットとチューバ、三本のトロンボーン、二台のティンパニ（第三楽章では四人の奏者がこれを叩く）、大太鼓やシンバルや鐘などを含むマンモス・オーケストラを要求している（図Ｖ‐５）。ワーグナーやマーラーやシュトラウスについてはいうまでもないだろう。また一九世紀を通してピアノも、それまでのいかにも華奢《きゃしゃ》そうな木製の箱から、鉄骨フレームを搭載した巨大な「黒塗りのマシーン」へと変貌し（図Ｖ‐６）、ヴァイオリンも大音量を可能にすべく弦の張力を高めるための数々の工夫を施された（コマを高く、ネックを長く、力木を大きくする等）。あまり知られていないが、ストラディヴァリウスやアマーティといったバロック時代の名器も、この時代、とりわけパリで、片っ端から音量増大のための改造がなされたのだった。

素人には真似できないような演奏技術が続々と開発されるようになるのも、一九世紀音楽史の特徴である。いわゆるヴィルトゥオーソ・ブームの到来である。その嚆矢《こうし》となったのは「悪魔に魂を売って技術を手に入れた」とすら噂された伝説のヴァイオリニスト、ニコロ・パガニーニ（一七八二―一八四〇年）だ。重音や倍音効果、通常とは異なる調弦（スコルダトゥーラ）による特殊効果など、彼が開発した技術はまさに前代未聞のもので、とりわけ一八三一年（ベルリオーズの《幻想交響曲》初演の翌年であり、ショパンがパリに到着した年である）の彼のパリ・デビューは、多くの作曲家に衝撃を与えることになる。たとえばフランツ・リスト（一八一一―八六年）は彼を聴いて以来、それまで身につけていた自分の奏法を完全に作り変える決意をしたといわれる（よく知られているようにリストはツェルニーの弟子であり、彼の最初期の作品はツェルニーの練習曲そっくりである）。その結果として彼が編み出したのが、雷鳴のようなオクターヴや目も眩む跳躍、鍵盤上を縦横無尽に駆け巡る分散和音、怒濤のごときトレモロといった、あの超絶技巧の数々だったのである。

もちろんパガニーニやリスト以前にも、今日なお演奏至難な技巧を要求する作品は書かれていた。バッハの《無伴奏ヴァイオリン・パルティータ》や《ゴルトベルク変奏曲》、あるいはベートーヴェンの《ピアノ・ソナタ第二九番「ハンマークラヴィーア」》などが、それである。だが、新技術の開発それ自体に作曲家／演奏家が取り憑かれるようになりはじめるのは、一九世紀になってからのことである。たとえばピアノでは、リスト以外にも、ショパンがいくつかの重要な技術上の新機軸を考案した。手のひらを自在に伸び縮みさせて途方もなく広い音域を摑むやり方、中指と薬指を互いに交差させるようにして半音階を弾くやり方などが、それである。リストのライバルだったジギスモント・タールベルク（一八一二―七一年）というピアニストも忘れてはならない。彼は、右手と左手を代わる代わるに用いて中音域でベルカントの旋律を弾き、空いた手で鍵盤を縦横無尽に駆け巡るハープのような分散和音を奏でるという、手品のごとき技術を発明した。これは俗に「タールベルクのハープ」と呼ばれ、まるで三本の手で弾いているようなその効果は同時代人を驚愕させたのだが、リストも早速《ノルマの回想》（一八三六年作曲、リストのオペラ・パラフレーズの最高傑作の一つである）のクライマックスでこの技術を拝借している。このように一九世紀に入るとともに音楽史は、まるで技術開発競争史のような性格を帯びはじめるのである。

練習曲についても触れないわけにはいかない。たとえばピアノでいえば、クレメンティ、クラマー、ツェルニー、モシェレス、ハノン、ピシュナらの練習曲がないレッスンなど、想像もつかないだろう。だが「練習曲」なるジャンルが大量に作られるようになるのは、実は

V－7　パリの花形ピアニスト、アンリ・ヘルツが考案した指トレーニング器具。「スプリングつき。しなやかで、強くて、独立した指を作ります。均質で美しい演奏を身につけられます。フランス音楽院でも許可されました。考案　アンリ・ヘルツ。フランス・イギリス・ドイツで特許」という文章が添えられている。

一九世紀になってからのことなのだ。ベートーヴェンやクレメンティあたりからピアノ演奏者に要求される技術難度が飛躍的に上がり、多くの曲で現れる難パターンを取り出して体系化し、効率的に学習者にマスターさせることを目的とする曲集が書かれるようになってきた。その最初の例の一つがクレメンティの《グラドゥス・アド・パルナッスム》（一八一七―二六年出版）であり、それにクラマーやツェルニーの練習曲が続く。一八世紀に書かれた鍵盤音楽の教本（エマヌエル・バッハの『クラヴィーア奏法』など）は、どちらかといえば「鍵盤楽器を弾く者の心得」的な性格が強く、そこで述べられているのは主として音楽理論および装飾音符の扱いや美学的な問題であって、技術に関してはほとんど言及がない。だが一九世紀に入るとともに、それまでとは対照的に、理論や美学はそっちのけで、技術だけに目的を絞った教本が出版されるようになっていく。

だがクレメンティやツェルニーといった一九世紀前半の練習曲は、無味乾燥とはいえ、まだ一応「曲」としての体裁はとっていた。それに対して一九世紀も後半になると、指トレーニングのための純然たる「ドリル」が多く出版されるようになる。ピアノ学習者なら誰でも知っているハノンやピシュナなどがこれにあたる。「ドレドレミレミレ、レミレミファミファミ、ファソファソラソラソ」といった具合に、指トレーニングのための短いパターンを延々と繰り返させる類のものである。この時代には、指強化を目的とする矯正器具がいろいろ作られたことも言い添えておこう。シューマンもまた、この種の器具を使ってトレーニングし、薬指が動かなくなってしまったエピソードはよく知られている。にもかかわらず、少なくとも二〇世紀初頭まで、次から次へこうした指強化器具は作り続けられたようだ。ちなみに右の図は、雑誌『音楽新報』に載った広告で（一八三六年）、当時の花形スターピアニストだったアンリ・ヘルツが考案したものである（図Ｖ－７）。一九世紀において、一方であれほど音楽の「精神性」が強調されながら、他方で演奏技術の開発に人々がかくも血眼《ちまなこ》になっていたことは、皮肉というほかない。産業革命と科学発明の時代にあっては、音楽もまた世の工業技術化の波から逃れることはできなかったのである。

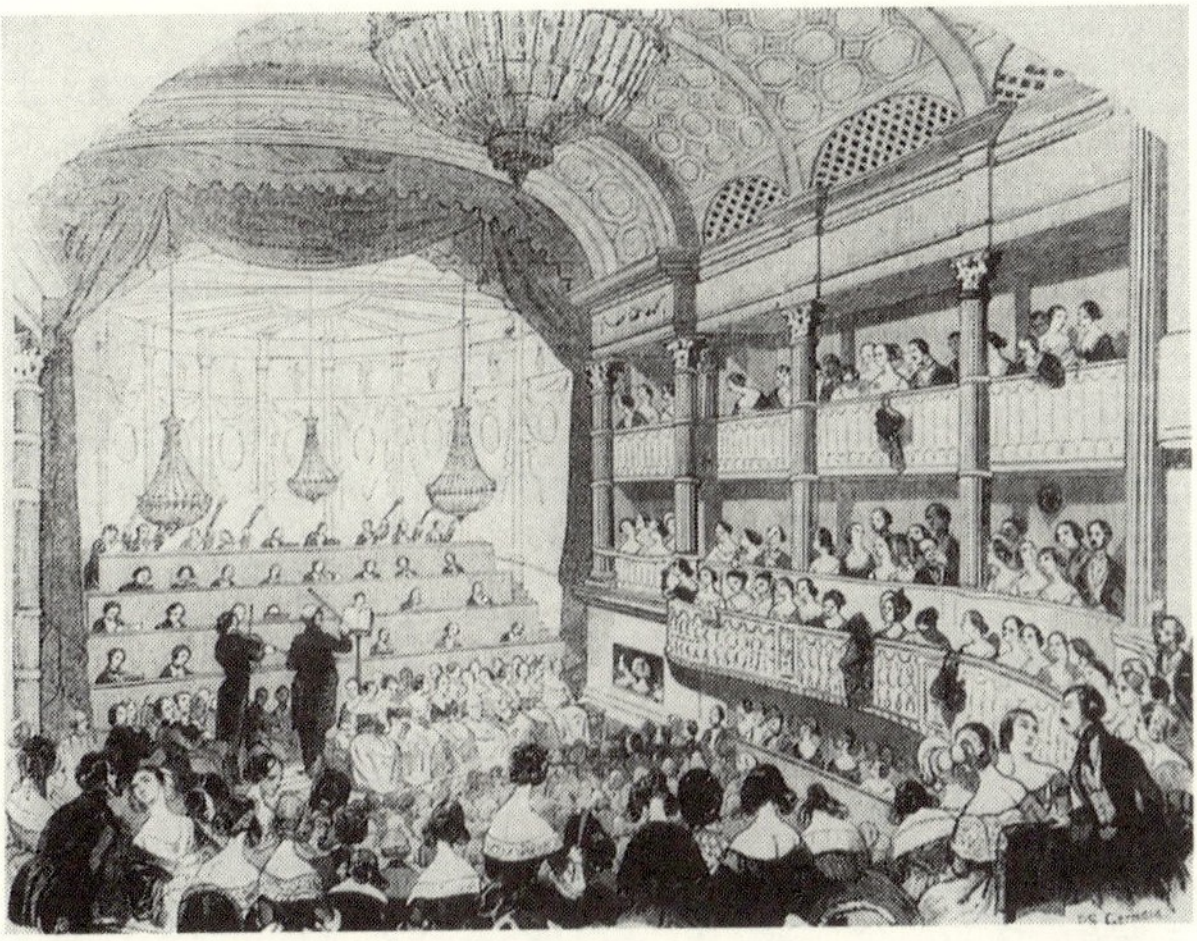

V‐8　1843年のパリ音楽院ホールにおける演奏会の様子。独奏者、指揮者、うっとり聴き惚れる観客——コンサートホールであるにもかかわらず、客席がまだオペラ劇場と同じ馬蹄形に作られていることを除けば、今日でも見慣れた風景だ。演奏会はこの頃から、私たちが考える「演奏会」になりはじめたのだろう。

グランド・オペラとサロン音楽と——パリの音楽生活

一九世紀において、音楽はいやましに、「途方もない技術をもったプロが、ステージの上でするもの」になっていった。専門技術に特化した音楽院での教育がこの傾向に拍車をかけたことはいうまでもない。演奏会制度と音楽学校の成立、聴衆のマス化、技術開発による物量作戦、舞台上の「プロ」と客席の「アマ」との分離、ステージで大喝采を浴びるスター演奏家の誕生——これらはすべて、互いに深くつながった、きわめて一九世紀的な現象である（図

V-8)。こうした「途方もない技術で観客を圧倒する音楽」がとりわけ栄えたのはパリである。ベンヤミンの言葉をもじれば、パリこそ「一九世紀音楽史の首都」だった。パガニーニもリストもショパンもパリを目指し、ロッシーニやベルリーニはここでキャリアを終え、対するに若きワーグナーはパリでの成功を夢見ながらも挫折し、それからは終生この街を呪い続けることになる。作曲家にとっても歌手にとっても、ピアニストにとってもヴァイオリニストにとっても、「キャリアの成功」とは何より「パリでの成功」を意味した。そしてパリの音楽生活の頂点に位置したのが、グランド・オペラというジャンルである。

グランド・オペラの先駆となったのは、ケルビーニの《メディア》(一七九七年)やスポンティーニの《ヴェスタの巫女《みこ》》(一八〇七年。どちらもマリア・カラスが得意にした作品である)、オーベールの《ポルティチの物言わぬ娘》(一八二八年)、ロッシーニ最後のオペラ《ウィリアム・テル》(一八二九年。ロッシーニ嫌いのワーグナーさえ、この作品に対しては畏怖の念を隠そうとしなかった)、マイヤベーアの《悪魔ロベール》(一八三一年。これはパガニーニのパリ・デビューの年であり、パリに来て間もないショパンはこの作品を見て驚嘆した)などである。だがグランド・オペラの代名詞といえば、何といってもジャコモ・マイヤベーア(一七九一-一八六四年)の《ユグノー教徒》(一八三六年)を挙げねばならない。二〇世紀になってすっかりレパートリーから消えてしまったが、この《ユグノー教徒》こそ一九世紀最大のヒット・オペラであり、一九〇三年までにパリだけで一〇〇〇回も上演されたことからも、その空前絶後の人気が分かるだろう。

グランド・オペラとは五幕からなる波瀾万丈の悲劇的メロドラマである。筋は分かりやすくて効果満点、オーケストラは重厚、歌手の見せ場もたっぷり用意され、とりわけ壮大な合唱場面とバレエが売り物であって、ここにパリ・オペラ座自慢の壮大な舞台装置が加われば、さぞかし効果満点のスペクタクルになっただろう。こうしたグランド・オペラは、現代におけるハリウッドの人気映画の一九世紀版だったと考えればよいかもしれない。ヴェルディ(一八一三―一九〇一年)の《アイーダ》やワーグナーの《ニュルンベルクの名歌手《マイスタージンガー》》においても、マイヤベーア流のグランド・オペラの影響が明らかだといえば、このジャンルについてのおよそのイメージをつかんで頂けるだろう。

パリでグランド・オペラが最も栄えたのは、ショパンやリストがこの街で活躍していたのと同じ、一八三〇／四〇年代である。この時代、オペラ座に通うことは、パリの上流階級の人々にとって最高の「箔《はく》」だった。上流階級といっても貴族ではない。革命のどさくさに紛れて財を成した成金たちが、グランド・オペラの主たる観客である。そして彼らは、音楽を格別「愛していた」からオペラ座に行ったのではない。かつての貴族のように燕尾服やイヴニング・ドレスでめかしこんで、豪華な馬車を仕立ててシャンデリア輝く劇場に乗りつけることがステータスシンボルだから、彼らはオペラに通った。今でいえばそれは、金満家が評判のミュージカルを観に行くような感覚だったのかもしれない（図V－9）。一九世紀のパリのオペラ座は、現代に至る「高級娯楽産業としての音楽」の発祥の地だった。

グランド・オペラと並ぶ一九世紀パリの音楽生活の象徴が、前にも触れた器楽ヴィルトゥオーソたちによるサロン音楽である。とりわけ一八三〇年代、第二のリストやショパンを目指すスター志望のピアニストが、大量にこの街へ押しかけた。彼らの活躍の場は主として上流階級のサロン。どこかのサロンで評判をとり、有力なパトロンを見つければ、作品の出版や大会場での演奏会といったより大きな成功への道が拓けるのだった。そして彼らの定番レパートリーが、即興曲とかワルツとかエチュードとかノクターンといった華麗かつセンチメンタルなピアノ小品、そして何よりもオペラ・パラフレーズ——オペラの有名アリア等の旋律を借りてき

V－9　ガルニエによって1861年に設計されたパリのオペラ座は、19世紀ブルジョワの成金趣味の象徴としてよく引き合いに出される。

て、きらびやかな技巧で飾り立てた編曲——である。リストは《リゴレット・パラフレーズ》(一八五九年作曲)をはじめとする無数の作品を残したし、シューマンをして「諸君、脱帽したまえ、天才だ!」といわしめたショパンの作品二の変奏曲も、モーツァルトの《ドン・ジョヴァンニ》(ドン・ジョヴァンニとツェルリーナの有名な二重唱)によるパラフレーズだ。

ヴィルトゥオーソたちが好んでオペラ編曲を残し、またショパンをはじめとする彼らの作品にベルカント・オペラが強い影響を与えたのは、決して偶然ではない。なぜなら、グランド・オペラもヴィルトゥオーソ・サロン音楽も、実は同じ聴衆層に支えられていたのだから。それはいわゆる社交界の人々である。名士の邸宅で催されるパーティーに夜な夜な出かけては有力者に取り入り、華やかな装いで見栄を張り、噂話に花を咲かせる成金スノブたち——それがオペラ座の主たる客層であり、同時にショパンやリストといったサロン音楽の聴衆だったのである。

オペラがない日には彼らは、サロンのパーティーへ出かけて、シャンパン片手の世間話の合間に、ショパンやリストやタールベルクらの妙技に万雷の喝采を送ったりしたのだろう。そこでオペラ座で評判になっている新作オペラの華麗なピアノ編曲などが弾かれたりしたら、彼らは大喜びだったに違いない(図V-10)。バルザックの『ゴリオ爺さん』やデュマ・フイスの『椿姫』（ヴェルディのオペラの原作）やプルーストの『失われた時を求めて』で描かれたような一九世紀の上流階級こそが、ヴィルトゥオーソ音楽のパトロンであった。なおヴィスコンティの映画『イノセント』の冒頭では、社交界のパーティーでリストの《エステ荘の噴水》やショパンの《子守唄》といったサロン音楽が弾かれる場面が現れる。一九世紀のサロン音楽文化を知る上で非常に参考になる映像なので、是非ともご覧頂きたい。一九世紀のサロンの人々は、決して現代のコンサートホールの聴衆のように粛々と音楽に耳を傾けていたわけではないことがよく分かるはずだ。

V-10　ベルリン（1841／42年のシーズン）**におけるリストの演奏会。その様子はほとんど現代のロック・コンサートと変わらない。ちなみに譜面台に楽譜が置かれているが、初めて暗譜で公開演奏したのはクララ・シューマンだったといわれる。**

乙女の祈り

ショパンとリストを頂点とするサロン音楽の伝統は、その後、主として二つの方向へ分かれていったと考えることができる。つまり

「飽くなき超絶技巧の追求」という面は主としてロシア楽派（ラフマニノフら）によって、そしてサロン音楽の「ダンディズムの美学」の部分はフォーレやドビュッシーやラヴェルといった近代フランス楽派によって、それぞれ継承されていくことになるのである。ただし、こうした「芸術的サロン音楽」の魅惑に目を奪われるあまり忘れてはならないのが、今ではもうほとんど誰も覚えていない「簡易版サロン音楽」とでもいうべきジャンルである。

何度も述べてきたように、一九世紀とは音楽が「ブランドとして大衆化した時代」だった。わけてもオペラ座通いと並ぶステータスシンボルだったのが、ピアノである。一九世紀においてピアノは、単なる楽器を超えて、上流階級に必須の家具の一種であり、「よき家庭」の象徴そのものであった。居間にとびきり高価なグランドピアノを置き、娘にそれを習わせない上流家庭は、一九世紀においては皆無だったといってもいい。特に耳が肥えているわけではなく、とびきり音楽を愛しているというわけでもないが、夕食後は必ず居間の安楽椅子に腰をかけ、葉巻をくゆらせながら娘が弾くピアノに耳を傾けて悦に入る――こういったタイプの音楽愛好家の登場は、一九世紀音楽史を象徴する現象の一つであった。かくして一九世紀に入ると、大量の「ピアノを習う良家の子女」が出現することになる。すでに触れた数々の練習曲の主たる購買層が彼女たちであったことは、いうまでもない。そして「簡易版サロン音楽」もまた、彼女たちのニーズに合わせて作られたものなのであった（図V－11）。

V－11　19世紀後半の上流ブルジョワの居間（1880年）。中央やや右で紅茶を飲んでいるのが主人、その左にいるのが娘だろうか。典型的な俗流ブルジョワの世界……。奥には高価なグランドピアノが置かれている。招かれた客の娘らしい二人の若い女性が、羨ましそうにそれに触れている。

この簡易版サロン音楽――ドイツでは「瑣末《トリビアル》音楽」とか「キッチュ」と呼ばれる――とは、ショパンの《ノクターン》やリストの《愛の夢》の感傷をもっと通俗化して、技術的に素人でも弾けるようにした類の音楽である。今日ホテルのラウンジの白いピアノで奏でられているムードミュージックの一九世紀版だと思ってもいい。その大半はピアノ独奏曲だが、ヴァイオリン曲や声楽曲もある。マスネの《タイスの瞑想曲》やグノーの《アヴェ・マリア》などは、この種のジャンルの典型としてしばしば挙げられる作品だ。ショパンやリストの初期作品にも、こうしたムードミュージックと紙一重のものがある。とりわけドイツでは、《幻想即

V－12（左）『エウローパ』というシュトゥットガルトで出版されていた女性雑誌に載った「パリの流行」という挿絵（1836年）。「ピアノを弾くお嬢様」は、この頃から出現したのだろう。
V－13（右） おそらく19世紀後半に出版されたと思われる楽譜。「夢の映像」とか「幻想曲」とか「村の日曜の朝」とか「春の歌」といったタイトルが見える。19世紀においては文字通り掃いて捨てるほど、この種の曲が作られた。

興曲》や《別れのワルツ》や《愛の夢》などに対して、「あんなものはキッチュだ」と露骨に嫌な顔をする音楽通は多い。通俗的な音楽への過剰なまでの拒否反応は、今なおドイツの音楽文化の特徴なのだ。だが最も有名なこの種の作品といえば、ポーランドの女流作曲家バダジェフスカ（一八三四―六一年）の《乙女の祈り》（一八五六年出版）である。ショパン風だが平板で過剰に感傷的な旋律、ペダルによって砂糖菓子のように増幅された情緒、安手のドレスよろしくアルペジオや装飾音で飾り立てられたパッセージ、そして「夢見る気分」をいやがうえにもかきたてるような詩的なタイトルなどが、この手の音楽の特徴である。ルノワールやゴッホはしばしば「ピアノを弾く少女」を描いているが、彼らのモデルとなった「良家のお嬢様」もまた、《乙女の祈り》に類する曲を弾いていたのであろうか（図V-12および13）。今ではあらかた忘れ果てられてしまったが、一九世紀においては信じられないくらい大量に、この種の簡易版サロン音楽が作られた。これは一九世紀における音楽のマス化を象徴する現象である。

器楽音楽崇拝と傾聴の音楽文化――ドイツの場合

このように音楽がどんどん通俗化していった一九世紀にあって、時代の潮流とはまったく対照的な音楽文化を発展させていったのが、ドイツ語圏である。クラシック音楽といえば多くの人が「目を閉じて粛々と名曲に聴き入る聴衆」を思い浮かべるだろう。だが決してこれは一九世紀の音楽全般に当てはまる公式ではない。「真面目なクラシック」のイメージは、ほとんどもっぱらドイツ語圏で形成されたものなのだ。シューマンやブラームスやワーグナーは、一九世紀においても「真面目で難しい音楽」だったし、逆にロッシーニやヴェルディのイタリア・オペラやヨハン・シュトラウスのワルツなどは、一九世紀版のポピュラー音楽と呼んでもいい存在だった。またグランド・オペラやヴィルトゥオーソ音楽が、いろいろな点で二〇世紀の娯楽産業のありようを先取りしていたことは、すでに見た通りである。

音楽史の一九世紀は、一枚岩ならぬ「二枚の岩」からできていたといってもいい。パリに象徴されるグランド・オペラ／ヴィルトゥオーソ・サロン音楽は、「社交としての音楽」とか「あくなき豪奢の追求」といった宮廷文化の名残を引きずりつつ、それを俗物化（成金化とか金ピカ化といってもいいだろう）したような性格をもっていた。それに対して堅実な教養市民階級に支えられるドイツ語圏の音楽文化にあっては、虚飾を断固拒否し、宗教や哲学に比肩するような「深さ」や「内面性」（いずれもドイツ音楽の偉大さを形容する際の決まり文句である）を音楽に求める傾向が生まれた。現代の「娯楽音楽vs芸術音楽」の対立のルーツは、このあたりにある。

もちろん一九世紀にあっては両者の断絶はまだ今日におけるほど深くはなく、一人の作曲家がどちらの領域にも手を染めるということはしょっちゅうだった。ショパンの《別れのワルツ》やリストの《ハンガリー狂詩曲第二番》などは娯楽目的で書かれたと考えていいだろうが、前者の《幻想ポロネーズ》や後者の《ピアノ・ソナタロ短調》は、当時の人にとってきわめて難解な最前衛音楽だったはずである。またヨハン・シュトラウスの《皇帝円舞曲》などは、単なる娯楽実用目的にはとどまらない、相当に凝った「芸術音楽」だといっていい。シューベルトのリートなども、内面性を求める点では明らかにドイツ語圏の「真面目な音楽」の領域に属するが、同時にそれは、同時代の多くの人が口ずさむはやり歌でもあった。

だがいずれにせよ、全神経を集中して粛々と聴くべき「芸術」と、まずは楽しみを目的とする「娯楽」とに音楽史がかなりはっきり分離しはじめるのは、一九世紀以来のことである。ある程度単純化していえば、「門外漢にとって難解で敷居が高く、演奏会で静かに傾聴すべき、真面目な芸術音楽」が発展したのは、もっぱらドイツ語圏なのである。われわれが抱く「クラシック＝ムズカシイ音楽」のイメージは、実は「ドイツのクラシック」のみに当てはまるものなのだ。イタリアでは「ムジカ・テデスカ（ドイツの音楽）」といえば、今でも「ああ、あのドイツの小難しくて楽しくない音楽ね」といった皮肉なニュアンスがあるし、フランスでもドイツ音楽は長い間特殊ジャンル扱いされていた。フランス人やイタリア人にとっても、ドイツ・クラシックは難しい音楽だったのである。そしてこの「偉大なるドイツ芸術音楽」を代表するジャンルが、交響曲であり、弦楽四重奏曲であり、ピアノ・ソナタ、つまりベートーヴェンが金字塔を打ち立てた諸ジャンルに他ならない。

たとえばイタリアの作曲家による交響曲や弦楽四重奏曲やピアノ・ソナタをすぐに挙げられる人が、果たしてどれくらいいるだろうか？　フランスにしても、これらのジャンルが遅ればせながら作られはじめるのは、一九世紀も後半（サン＝サーンスやフランクやフォーレ以後）になってからのことであって、しかもそれは、フランスがプロイセンとの戦争に負けたことがきっかけとなって生じてきたところの、「フランスにもドイツに負けない『真面目な音楽』の伝統を作り出そう」という運動の結果だった。またチャイコフスキーやドヴォルジャークの交響曲が生まれるのは一九世紀もかなり末になってからであるし、シベリウスに至っては二〇世紀の交響曲作家であって、ドイツ以外の国でも「真面目な音楽」の伝統が生まれるのは、相当後になってからのことなのである。

こうした一九世紀ドイツ独得の音楽のありようと深く関わっていたのが、ヴァッケンローダーやティーク、ノヴァーリスやE・T・A・ホフマンといった初期ドイツ・ロマン派詩人たちの音楽観（とりわけ彼らの器楽音楽観）である。バロック時代になって大量の器楽曲が作られるようになったことはすでに述べたが、当時はその地位はまだ（偉大なバッハの諸作品にもかかわらず）あまり高くなく、せいぜい貴族の祝典のBGM程度にしか思われていなかった。一七七四年になってもまだズルツァーの『美芸術の一般理論』には、「最後に演奏会で用いられる音楽について述べよう。これらの演奏会は、単なる時間つぶしや手すさびの練習のために行なわれるものである。そこに属するのは協奏曲、交響曲、ソナタ、独奏曲などであり、これらは総じて、快活で心地よい雑音、あるいは優雅で楽しいけれども心を揺さぶるというわけではないお喋りなどを連想させるものである」などと書かれているほどである。

ところが一九世紀に入って、とりわけドイツ・ロマン派の詩人たちの間で、純粋器楽曲崇拝《カルト》とでもいうべきものが生じはじめる。彼らは芸術の中にあらゆる現実＝具象を超えたものを求めてやまなかった。これが俗にドイツ・ロマン派の「無限の憧れ」と呼ばれるものである（ありていにいえばそれは現実逃避なのだが）。「いうにいわれぬもの」を、つまり言葉を超えたポエジーを表現するのが、彼らの願いだった。だが、絵画にしても文学（小説はもとより、ドイツ・ロマン派の中心ジャンルだった抒情詩ですら）にしても、具象的な世界を完全に捨象することはできない。音声だけでできた詩とか、色と形だけでできた絵画などというものは、当時は存在しなかった。諸芸術の中でただ音楽だけが、それも器楽曲だけが、具象界を超越することができる。その漠たる抽象性のゆえに無限に想像力の翼をはばたかせることができるのだ。こうしたロマン派詩人たちの器楽音楽観を端的にあらわしているのが、ヴァッケンローダーの有名な「〔器楽曲は〕一つの隔絶された世界それ自体だ」という言葉である（後にマラルメは純粋詩を夢見、カンディンスキーは抽象絵画の世界に踏み出したが、これはロマン派詩人の芸術観の究極の帰結であり、文学や絵画を極限まで音楽に接近させようとする試みだったと考えられるだろう）。

　ドイツ・ロマン派の詩人たちにとっては、器楽曲こそが「究極の詩《ポエジー》（芸術）」に他ならなかった。まさに概念を欠く純粋な響きであるがゆえに、器楽曲こそありとあらゆる現実を超越した芸術だと、彼らは考えはじめたのである。「隔絶された世界それ自体」というヴァッケンローダーの言葉は、「神の創造した宇宙にも等しい絶対的な存在」といった意味で理解すべきだろう。実証科学万能の一九世紀は、もはや誰も宗教など信じなくなってしまった時代だったわけだが、ドイツ・ロマン派においては器楽曲こそが——ニーチェがいう「死んでしまった神」に代わる——絶対者が顕現する場になったのである。これがいわゆる「絶対音楽」の理念である。いまや交響曲や弦楽四重奏曲やピアノ・ソナタといった器楽曲は、宗教的敬虔をもって崇められることになる。「クラシック音楽」といえばすぐに連想されるのが、「目を閉じて一心不乱に聴き入る聴衆」の存在だろう。他のどんな音楽ジャンルの聴衆も、クラシックのそれのようにみじろぎもせず、まるで司祭の言葉に恭《うやうや》しく耳を傾けるミサの会衆のように、厳かな態度で音楽を聴いたりはしない。音楽に対するこのほとんど擬似宗教的な構え《ハビトゥス》は、ドイツ・ロマン派によって作り出されたものなのである。

無言歌、標題音楽、絶対音楽

ロマン派詩人たちに端を発するこうした一九世紀ドイツの器楽文化は、大きく分けて三つの方向へ展開することになる。一つはシューマンの初期ピアノ曲（《パピヨン》《謝肉祭》《子供の情景》など）やメンデルスゾーンの《無言歌》に代表される、詩的なピアノ小品集だ。「トロイメライ」とか「歌の終わりに」とか「春の歌」といった抒情的なタイトルが、音楽の醸《かも》す情緒とないまぜになって、聴き手のファンタジーをかきたてるタイプの音楽である。

これらは一見パリ風のサロン音楽と似ていなくもないが（それに、決してサロン的な華麗さを完全に否定はしないけれども）、その基調をなすのはあくまで内面的な詩情であり、技巧の誇示は基本的に控える点でリスト風のヴィルトゥオーソ音楽とは一線を画す。メンデルスゾーンの《無言歌》――直訳すれば「言葉のない歌」――というタイトルは、この種のジャンルの精髄を端的にいいあらわしている。それは「器楽だけで奏でられる歌（リート／詩）」であって、言葉が沈黙することによって、より深い詩情の表現を目指す音楽なのである。

二つ目の方向は、無言歌的な漠然とした情緒ではなく、もっと理念的なものを表現しようとするタイプの音楽である。その典型はベルリオーズ（彼はフランス人だが、ドイツ音楽と深く関わっていて、「半ばドイツの作曲家」といっても過言ではない人である）の《幻想交響曲》や《イタリアのハロルド》や《ロメオとジュリエット》、あるいはリストの《ファウスト交響曲》といった標題音楽である。リストの熱烈な支持者だったアドルフ・ベルンハルト・マルクスという批評家は、ベートーヴェンの《エロイカ》について、「まさにここにおいて音芸術は〔中略〕形の戯れや漠然とした情緒や感情から脱して、より明確で形のはっきりした意識の領域へと踏み入ったのだ」と述べている。このマルクスの言葉は、そっくりそのままリストらの標題音楽に当てはめることができるだろう。彼らは、シューマンやメンデルスゾーンの作品が醸す漠たる詩情ではなく、もっと英雄的で理念的で哲学的なものを音楽で表現しようとした。《ファウスト交響曲》や《タッソー》や《ハムレット》など、リストは文学史の名作に霊感を受けた一種の交響曲を数多く残している。これが交響詩と呼ばれるジャンルである。《ペトラルカのソネット》や《ダンテを読んで》のように、ピアノ曲にも同種の作品は多い。

ただし彼が夢見た交響詩とは、一般にそう考えられているような、単なる文学の音による描写ではない。リストは、言葉ではなく音楽によってこそ、これらの偉大な文学作品の最も深い——「言葉を超えた」——理念に肉薄できると考え、いわば音楽による世界文学のリメイクを試みたといえるだろう（ちなみにリストの後継者であるリヒャルト・シュトラウスの交響詩では、こうした理念性はかなり薄れ、音楽による写実主義に傾くきらいがある。シュトラウスが「レストランのメニューでも音で表現できる」といっていたのは有名だが、彼の作品はいわば「映像のない映画音楽」に近づく）。リストのこの標題音楽の方向をさらに推し進めたのが、ワーグナーである。彼のいわゆる「楽劇」は「オペラ」とは相当に性格が違うもので、ワーグナー自身は自分の舞台作品がベートーヴェンの交響曲の精神から発展したものだと考えていた。それまでは単なる音の戯れにすぎなかった交響曲に、ベートーヴェンの第九で「理念」が与えられ（終楽章で言葉＝歌が入ることを意味している）、そこにさらに舞台が加わることで生まれたのが自分の「総合芸術」だと、彼は信じていたのである。

こうしたリストやワーグナーの標題音楽とは対照的なのが、三つ目の方向である。その代表者がウィーンの音楽批評家エドゥアルト・ハンスリック（一八二五―一九〇四年）で、『音楽美について』（一八五四年）における「音楽の内容とは鳴り響きつつ運動する形式である」という彼の言葉は、あまりにも有名である。「音楽は音だけでできた絶対的な小宇宙であるべきであり、文学的なものはそこから徹底的に排除されなければならない」というわけだ。「ベートーヴェンの第五交響曲は、運命に打ち勝つ英雄を表現している」といった「形式vs内容」の二分法を、ハンスリックは徹底的に否定する。言語芸術のような、あるいは絵画のような、「意味するもの《シニフィアン》」と「意味されるもの《シニフィエ》」という二層構造は、音楽には存在しない。「この音楽は何を表現しているのか？」という問い自体が無意味であって、音楽とは音楽以外の何物でもありえず（つまり絶対的であり）、音楽の内容とは音楽（音楽の構造）である。言語に可能な表現領域を徹底的に切り離すことでこそ、音楽は「絶対的に」なる。これがハンスリックの考え方だった。

ハンスリックは一般に、ワーグナーと敵対した、頭の固い保守的な批評家というイメージが強い。ワーグナーの《ニュルンベルクの名歌手》の敵役ベックメッサーのモデルは彼だといわれる。だが彼の考え方は、先にも触れたマラルメの純粋詩やカンディンスキーの抽象絵画、さらには二〇世紀におけるロシア・フォルマリズムの文学理論にまで通じていくような、きわめて先鋭的なものだったことを忘れてはならないだろう。なお、この第三のフォルマリズム的な方向の代表的な作曲家といえば、やはり（彼は決して党派的な人ではなかったが）ブラームス（一八三三―九七年）を挙げねばなるまい。

V-14　名誉博士号を授与されたブラームスを、司祭の格好をしたハンスリックが祝福している。19世紀後半において二人は、アカデミズムの象徴のように思われていた。しかし彼らのフォルマリズム的な音楽観には、実は20世紀の美学を先取りするものがあった。

彼は標題のついた作品をほとんど残さず、リストやベルリオーズやワーグナーとは対照的に、決して音楽でもって音楽以外のものを表現しようとはしなかった。もちろんブラームスにおいても、ことさらに「感情表現」を目指さずとも、おのずと滲み出る濃厚な情緒というのは当然あるわけだが、それでも彼の創作を貫くのは、「音楽は音楽であり、それ以上でもそれ以下でもあってはならない」という、つつましい職人気質である（図V-14）。

ちなみにここで、哲学者と音楽との関係について少し述べておきたい。総じて一八世紀までの哲学者は――ルソーのように自ら作曲家でもあった人もいるにはいるが――音楽をさして重要視してはいなかった。カントは音楽のことを「単なる快楽」としか考えていなかったし、ヘーゲル（彼はロッシーニの大ファンだったが）においても事情は大同小異である。ところがショーペンハウアーとキルケゴール以後の哲学者たちは、諸芸術の中で音楽に最も高い地位を与えるようになる。その典型がいうまでもなくニーチェである。若い頃自ら作曲を試みることもあった彼は、よく知られているように、ワーグナーの親友にして崇拝者であり、ワーグナーから離反して後はビゼーを褒め称えた。彼は生涯音楽と深い関わりを持ち続け、その処女作『音楽の精神からの悲劇の誕生』（一八七二年）をもじっていえば、「音楽の精神から」哲学を作り上げた人だった。ニーチェ後のアドルノやブロッホの思想においても、音楽がきわめて大きな役割を演じていることはいうまでもない。アドルノはもともとベルクのもとで作曲を学んでいたし、ブロッホも非常にピアノが達者で、指揮者のオットー・クレンペラーらと交友があった。音楽が哲学／宗教の領域にまで高められ、哲学者が音楽を世界観モデルにしはじめる――これもまた、ドイツ・ロマン派以後の現象である。

音楽における「感動」の誕生

「真面目な」演奏会文化が栄えたのは主としてドイツ語圏で、その中心ジャンルは交響曲であり、その主たる聴衆は謹厳実直な中産市民。グランド・オペラやサロン音楽が最も繁栄したのはパリで、そこでは音楽はステータスシンボルの一種であり、社交界のスノブたちが主な聴き手。これまで述べたことをやや図式的に要約すれば、このようになるだろう（もちろん中間的な作品は無数にあり、一例を挙げれば、チャイコフスキーの多くの作品などは、交響曲的な文化とヴィルトゥオーソ・サロン音楽およびグランド・オペラ的な華やかさとの折衷といえる）。

しかしながら、表面的な対立にもかかわらず、この二つの音楽文化の間には一つの共通項があることを見落としてはならない。それは——これこそ一九世紀音楽史の最大の共通分母といっていいと思うが——「市民を感動させる」ということである。コンサートホールで目を閉じてブルックナーの交響曲のアダージョに真剣に耳を傾ける聴衆も、シャンデリアきらめくサロンでショパンを耳にしながらセレブリティになった気分に浸る社交界の人々も、ともに煩わしい世事と労働の垢にまみれた日常からの解放を求めた。何か心を洗い流してくれる清らかなものを、夢と感動とファンタジーを、今風にいえば「癒し」を、魂を揺さぶる何かを、音楽の中に見出したのである。一九世紀においてかくも大量の「幻想」とか「夢」といったタイトルをもつ曲が作られたということが、この事情を何より雄弁に物語っていよう。「労働する市民のための、夢と感動を与えてくれる音楽」——これもまた、一九世紀になって初めて生まれた、音楽の新しいありようである。

音楽史があまりにも「ロマンチック」なのでつい忘れがちだが、一九世紀は同時に、産業革命と科学発明と実証主義と資本家たちの時代でもあった。神は死に、目に見えないもの、神秘的なもの、超越的なものはどんどん世界から姿を消していく。世紀前半にはウォルター・スコットの怪奇小説が大流行し、あるいはゴシック・ブームが起き、後半になるとヒステリーやテレパシーが社会現象となった。その背景には、神を殺してしまったせいで行き場がなくなった、「目に見えないものへの畏怖」や「震撼するような法悦体験」に対する人々の渇望があったに違いない。そして一九世紀において、合理主義や実証主義では割り切れないものに対する人々の希求を吸い上げる最大のブラックホールとなったのが、音楽だったのである。ロマン派音楽とは「ロマンチックな時代のロマンチックな音楽」などではなく、「どんどん無味乾燥になっていく時代だったからこそ生まれたロマンチックな音楽」なのである（図Ⅴ－15）。

Ⅴ－15　1906年のルール地方の工場群。のどかな田園地帯に突然煙を吐く巨大な工場が立ち並ぶ。こうした光景は19世紀ヨーロッパの至る所で見られただろう。ロマン派音楽とは、ロマンチックではない時代のロマンチックな音楽だった。

「感動させる音楽」としてのロマン派音楽の構造は、旋律と和声の点から次のように説明できるだろう。まず旋律についていえば、「胸の奥から絞り出す吐息」とでも形容すべき身振りが、その特徴となる。すでに述べたように、バロック音楽の主役は通奏低音であって、旋律にはそれを彩る控えめな装飾模様程度の役割しか与えられないことが多かった。古典派では低音に代わって旋律が音楽をリードするようにはなるけれども、彼らの旋律はまだ「しっかり組み立てられた建築」といった客観的性格が強い。だがロマン派においては、旋律のこうした建築的な分節構造は解体される。旋律は限りなく「ため息の身振り」に近づいていくのである。ショパンのノクターン、ベルリーニのアリア、ワーグナーの《トリスタン》、ブルックナーの交響曲のアダージョ、チャイコフスキーの《悲愴》、ブラームスの第三および第四交響曲――一九世紀音楽史は、まるでメロドラマで愁嘆場《しゅうたんば》を演じる名女優のような、悩ましい憧れの身振りであふれかえっている。

和声についていえば、バロックから古典派にかけてのそれは、音楽にとって車輪のようなものだった。それは旋律を支え音楽を前に運ぶという、ごく実際的な役割を担わされた機能的な存在だった。だがロマン派にあっては、和声それ自体が音楽表現の焦点となる。悩ましく官能的で憧れに満ちた気分のすべてが、響きに託されるようになるのだ。シューマンの《詩人の恋》冒頭の切ないときめき、ショパンの《舟唄》冒頭のステンドグラスのような不思議な色合い、《トリスタン》冒頭の毒と苦痛が混入した憧憬、ブルックナーの交響曲の冒頭のトレモロが作り出す波動など、今や響きは予感に、色彩に、神経の震えに、魂の状態《エタ・ダーム》になる。

やや図式的な言い方になるが、このことは作曲技法的に次のように説明できよう。つまり古典派までの作曲家が用いた和声は、そのほとんどが「ドミソ」とか「シレソ」といった、無色透明で定型的な「型」だった。それに対してロマン派の作曲家たちは、半音階および楽器のパレットを駆使することで、和声に思い思いのうねりと色調を与える。彼らは飽くことなく「未知の響き」を模索したといってもいいだろう。シューベルトにおいてすでに、たとえば遺作の《ピアノ・ソナタ　第二一番》変ロ長調の第一楽章冒頭の、主題が奏でられた後の左手の謎めいたトリルのように、「和音」が「色」や「気分」になりはじめている。自分の生の一番深いところでひそやかに鳴り響いている色調を、ときめきや官能や苦痛がないまぜになった名状し難い感覚を、それでもって表現しようとするのである。

こうしたロマン派特有の旋律／和声法を最も効果的に演出する術を知り抜いていたのが、ワーグナー（一八一三―八三年）である。ロマン派の旋律と和声が個人の最も深い内面の震えとでもいうべきものと照応するとすれば、彼はそれを宇宙が震動するような怒濤の大音響と結合させようとする。《トリスタン》や《ワルキューレ》や《神々の黄昏》のフィナーレの、あの異様な昂揚感は、その典型だ。ドイツ・ロマン派的な内面表現を宇宙的法悦と結びつけた作曲家は、ワーグナー以前にはいなかった。このワーグナー的クライマックスにおいてとりわけ注目すべきは、オーケストラの響きがそこではオルガンのそれに近づく点である（もちろんマーラーの第八交響曲〔《一〇〇〇人の交響曲》〕のようにオルガンが実際に使用されるわけではない）。日本にいるとなかなか想像しにくいが、「神の楽器」たるオルガンは教会と分かち難く結びついている。今でこそコンサートホールにもたいがいオルガンは備えつけてあるが、本来それは教会でしか体験できないはずの楽器だった。そして西欧人にとって、ミサでオルガンが鳴り渡る時の、石造りの教会の建物全体が音をたてて震動するあの感覚こそ、音による宇宙《コスモス》のメタファーそのものであるに違いない。本来は教会でしか体験できないはずのこの法悦の響きを、ワーグナーはオーケストラで再現しようとする。ロマン派的な旋律／和声が表現する個人の内面感情が、宇宙と一体になるような擬似宗教体験へと膨れ上がるのである。

周知のようにワーグナーは、ミュンヘン近郊の田舎町バイロイトに、自分の作品だけを上演するための劇場を建てた。パリでの成功の夢が破れて以来、彼の地における単なる娯楽へ堕落してしまった芸術に激しい憎しみを抱くようになった彼は、芸術を礼拝する殿堂として、このバイロイト祝祭劇場を建立したのである。とりわけ「舞台神聖祝典劇」と題された彼の最後の楽劇《パルシファル》は、長い間バイロイトだけでしか上演を許可されなかったために、それを聴くためには人々は、パリやベルリンやロンドンからわざわざバイロイト詣でをしなければならなかった（ドビュッシーもそんな一人だった）。それはワーグナー作品を礼拝するための巡礼の旅だった。

もちろんワーグナーのあの大音響や、時として芝居がかった旋律法には、彼があれほど憎悪したパリのグランド・オペラやサロン音楽と同質の、ある種の胡散臭さがあるのは確かである。ニーチェをはじめとする多くの人々が、ワーグナーの中に耐え難い近代の俗物臭を嗅ぎ取ったとすれば、このあたりだろう。ニーチェが「俳優」と呼んで罵倒したのは、彼の中にあるこの大向こう受け狙いのハッタリの要素だった。だが同時に、神経の微細な震えまでも表現せずにはおかない彼の和声法が、ドイツ・ロマン派音楽の内面性の中からしか生まれ得ないものであったことも、また確かである。《ワルキューレ》第一幕の息を呑むような二重唱「冬の嵐は過ぎ去り」や、《トリスタン》第二幕の聴く者を酔わせずにはおかない長大な対話は、「ドイツ・リートの精神からの楽劇の誕生」とでも呼ぶべきものだ。

哲学者のエルンスト・ブロッホは『ユートピアの精神』の中で、「一人の人間を通じて初めてこれらすべては開花するのだ。確かにワーグナーほど低劣に始めた者はいなかった。彼はいかがわしく没趣味であって、そういった面の多くは決してすっかり消え去ることはなかった。にもかかわらず、ワーグナー以前に存在していたものは、彼を通じて遠くさかのぼって捉え直された。彼はこれまでに形象化されたものの多くをまとめて引っかき回し泡立たせる」と述べた。俗悪なハッタリから音楽の形而上学に至る一九世紀音楽史のありとあらゆる要素を、彼は総合し、擬似宗教的なエクスタシーへと高める。ワーグナーに至って音楽はついに、宗教なき時代の宗教となったのである。

第六章　爛熟と崩壊――世紀転換期から第一次世界大戦へ

西洋音楽史の最後の輝きか?――ポスト・ワーグナーの時代

この章で扱うのは、俗にベルエポックとか、ユーゲントシュティールないしアールヌーヴォーとか、世紀末ないし世紀転換期とか呼ばれる時代である。ワーグナーとニーチェが大流行し、耽美《たんび》的な芸術潮流が全ヨーロッパ的に花開いた時代。『昨日の世界』でツヴァイクが、『失われた時を求めて』でプルーストが、愛惜をこめて描いた時代。ヨーロッパ各地の大都市に地下鉄が作られ、映画が誕生し、飛行機や自動車やダイナマイトが発明され、電話も徐々に普及し、次々にタイタニック号のごとき豪華客船が建造され、人々がテニスや自動車レースに夢中になり、近代オリンピックが始まり、万博がブームとなった時代（図VI－1およびび2）。モダンタイムスの揺籃《ようらん》期。それが世紀転換期に他ならない。

Ⅵ‐1、2　自動車レース（左、1901年）**や飛行機によるドーヴァー海峡横断**（1909年）**。これらがドビュッシーやマーラーやリヒャルト・シュトラウスの音楽の同時代現象だった。**

音楽史ではこのエポックは、「後期ロマン派」と呼ばれることが多い。ただしフランスの印象派音楽（そしてイタリアではプッチーニ）も、時代的にはこれと完全に重なる。一八八三年のワーグナー歿後あたりから一九一四年の第一次世界大戦勃発までの、わずか三〇年ばかりのエポックだ。だが音楽史上ここまでエキサイティングな時代を、私は他に知らない。マーラーやシュトラウスやプッチーニやドビュッシーやラヴェルやサティやラフマニノフやスクリャービンやファリャやアルベニスやグラナドスの主要作品のほとんどが、このわずか数十年の間に書かれたのである。しかもこのエポックの末期になると、シェーンベルクやストラヴィンスキーやバルトークが音楽史の舞台に登場してくる。まったく作曲家の名前を列挙するだけで目が眩みそうな、途方もなく豊穣な数十年ではないか。

だが今日の目から見るとこの時代は、一〇〇〇年以上にわたる西洋音楽史の最後の輝きだったようにも見える。実際、今日の演奏会レパートリーのほぼすべてが、この時代までの作品から成っているのだ。西洋音楽史が確固として在ることができた、その最後の時代が、この世紀転換期なのである。一九一四年から始まった第一次世界大戦は、それこそが西洋音楽史を支えてきたもの、その社会的文化的基盤を粉々に吹き飛ばしてしまった。西洋音楽史のパトロンだった教会と王侯貴族は、すでにこれより約一〇〇年前に音楽史の表舞台から撤退していたが、彼らの後を引き継いだ一九世紀ヨーロッパのブルジョワ社会もまた、大戦をきっかけにほぼ消滅してしまったのである。しかしながら西洋音楽史は、戦争によって外から破壊されただけではない。すでに一九一〇年あたりから、シェーンベルクが調性を解体して無調の世界へ踏み入りはじめる。ストラヴィンスキーも《春の祭典》で、伝統的なリズム法則を木っ端微塵にした。第一次世界大戦直前の数年の間に、音楽史は内部から瓦解していったとすらいえるだろう。この章で扱うのは、西洋音楽史の中でも例を見ない、このドラマチックな数十年である。

フランス音楽の再生

これまでの時代にも増して、このエポックには無数の「音楽史のハイライト」がある。その一つはドイツにおけるワーグナー遺産のさらなる展開、つまりマーラーとリヒャルト・シュトラウスの創作だろう。ロシアのスクリャービン（一八七二―一九一五年）、ポーランドのシマノフスキ（一八八二―一九三七年）、スペインのアルベニス（一八六〇―一九〇九年）やファリャ（一八七六―一九四六年）など、国民楽派におけるモダニズムの勃興も魅力的だ。音楽史を今まさに去ろうとしていた人々のことも、忘れてはなるまい。マーラーやシュトラウスやドビュッシーやプッチーニがすでに活動を始めていた一八九〇年代、ヴェルディ（最後のオペラ《ファルスタッフ》が一八九三年）やブルックナー（《交響曲第九番》を未完成のまま一八九六年に歿）やブラームス（《クラリネット五重奏》が一八九一年）やチャイコフスキー（《交響曲第六番》「悲愴」が一八九三年）やドヴォルジャーク（《交響曲第九番「新世界」》が同じく一八九三年）など、多くの老大家がその最後の傑作群を書いていた。しかしながら、前の時代からの連続的な発展ではなく、この時代になって初めて音楽史に登場してくる最も鮮烈な潮流といえば、何よりもフランス近代音楽を挙げなければなるまい。

すでに触れたように一九世紀フランス（なかんずくパリ）は、従来グランド・オペラとサロン音楽の国（街）であった。また――音楽が消耗品のように考えられがちだったことと関係があるのかどうか定かではないが——バロック期を過ぎてから一九世紀半ばあたりまでのフランスには、自国で無視され続けていたベルリオーズをわずかな例外として、自前の大作曲家というものがいないも同然だった。マイヤベーア（ユダヤ系ドイツ人）やロッシーニやベルリーニやリストやショパン、活動の時期は少し後になるがオッフェンバッハ（ユダヤ系ドイツ人）など、当時パリで活躍した作曲家のほとんどすべてが外国人なのである。外国から野心的な音楽家が一旗あげようとやってくる街、ネームヴァリューがある外国の作曲家を金にあかして引っぱってくる街（ロッシーニやベルリーニの場合がこれである）、それがパリであった。

こんなフランスの音楽界が大きく変わるきっかけとなったのが、一八七〇年のプロイセンとの戦争（普仏戦争）における敗北である。第五章でも触れたように、これが転機となって一八七一年に国民音楽協会が設立される。フランク（一八二二－九〇年、ベルギー人）やサン＝サーンス（一八三五－一九二一年）やショーソン（一八五五－九九年）やフォーレ（一八四五－一九二四年）も参加したこの協会は、「フランスにもドイツに負けない正統的な器楽文化を創ろう」という目的で作られた。近代フランスの交響曲や協奏曲や室内楽の名作のほぼすべては、この国民音楽協会の設立以後の産物である。

しかしながらフランクらの次の世代、つまりドビュッシー（一八六二－一九一八年）やラヴェル（一八七五―一九三七年）の頃になると、再び揺り戻しがやってくる。国民音楽協会がフランスへ導入しようとしたところの、ソナタ形式やフーガや交響曲や弦楽四重奏曲といったドイツ風の堅牢な形式／ジャンルを拒否し、フランス音楽独自のアイデンティティーを確立しようとする動き、フランス的な「軽さ」へ戻ろうとする動きが生まれてくるのである。もちろん「ドイツ的音楽への反動」とはいっても、印象派を生み出した土壌の一つが、フランクやショーソンを通してフランスへ持ち込まれたワグネリズムだったことを忘れてはなるまい（特に半音階法や楽器法など）。またドビュッシー（《牧神の午後への前奏曲》や《海》）やラヴェルの管弦楽曲の名作（《スペイン狂詩曲》や《ダフニスとクロエ》）は、これまたフランクらがドイツから持ち込んだ交響詩のジャンルから発展したものと考えていいだろう。あまり知られていないが、フランクやサン＝サーンスらの交響詩は名作ぞろいであって（クリュイタンスやミュンシュの録音を是非聴いてほしい）、それらがドビュッシーやラヴェルに与えた影響は想像以上である。

もし国民音楽協会世代との間に決定的な違いがあるとすれば、それはドビュッシーやラヴェルがもつ独得のダンディズムの感覚だろう（フォーレにすでにこの要素の先取りがあるにしても）。意識的に軽薄さや通俗性を気取る、きわめて洗練された一種のスノビズムといってもいいかもしれない。この点でドビュッシーとラヴェルのとりわけピアノ曲は、ショパンやリストからフォーレを経由して伝えられたサロン音楽の伝統の延長上にあるといえる。ラヴェルの《水の戯れ》はリストの《エステ荘の噴水》を、《夜のガスパール》の〈スカルボ〉はバラキレフの《イスラメイ》をモデルにしていることはよく知られているし、ショパンの弟子にピアノを習っていたドビュッシーの鍵盤作品は、ショパン的書法なしには成立しえなかっただろう。またドビュッシーやラヴェルの初期作品には、極度に洗練されているとはいえ、タイトルのつけ方も含めて《乙女の祈り》風のジャンル（第五章を参照）と紙一重のところがあるのも見落とせない。ドビュッシーの《アラベスク》や〈月の光〉（《ベルガマスク組曲》）、ラヴェルの《亡き王女のためのパヴァーヌ》（「シャブリエに似すぎている」——つまり「少し通俗的すぎる」——という理由で、ラヴェル自身はあまりこの作品を好まなかった）などがそれである。

「場末の音楽」とでもいうべきものに対するドビュッシーらの深い愛情も、忘れてはならない。いくら通俗的なところがあるといっても、サロン音楽は基本的に上流社会の音楽であったのに対して、一九世紀も後半になると、休日などに人々が出かけるありとあらゆる場所——レストランや遊園地やカジノや保養地、あるいはトゥールーズ＝ロートレックの絵でなじみのキャバレーなど——で、もっと大衆的な種類のBGMが流れるようになりはじめる（図Ⅵ-3）。そこで演奏されたのはワルツやギャロップや行進曲、人気オペラのアリアの編曲、蚤《のみ》の市でアコーディオン弾きが奏でるような民謡調の曲などだ。これらはカフェ・コンセールとかミュージック・ホールの音楽と呼ばれる。こうした音楽への関心から生まれてきたのが、ドビュッシーの〈ゴリーウォーグのケークウォーク〉（《子どもの領分》）のような作品で

Ⅵ－3　レストランで演奏する楽師たち。いわゆるカフェ・コンセールである。当時は保養地であれ、遊園地であれ、カフェであれ、豪華客船であれ（タイタニック号に乗り合わせていた音楽家たちを思い出されたい）**、至る所でこういうＢＧＭが奏でられていた。**

Ⅵ－4　すでに1846年のロンドンには、バンジョーを奏でるこうした黒人の楽師たちがいた。彼らの音楽がドビュッシーの〈ゴリーウォーグのケークウォーク〉などに霊感を与えたのだろう。

ある（図Ⅵ-4）。キャバレー・ピアニストだったサティ（一八六六—一九二五年）においては、この傾向はさらに顕著だ。《ジュ・トゥ・ヴ（あんたが欲しい）》などは、キャバレー・ソングそのものだといっていい。多分に貴族趣味なところがあったラヴェルは、ドビュッシーほどこの種の音楽に興味は示さなかったが、第一次大戦後の作品とはいえ、《ヴァイオリン・ソナタ》や二つの《ピアノ協奏曲》におけるジャズの要素には、同じ傾向を認めることができよう。

フランス（パリ）音楽が面白いのは、ドビュッシーのように精密な管弦楽法や和声法を自在に操ることができ、あれだけ構造的な音楽思考ができた人（これについて詳述する余裕がないのが残念だが、茫漠《ぼうばく》とした音響とは正反対に、彼の作品は構造の点で非常に頭脳的に作られている）が、場末の音楽に興味を示したりする点だ。この傾向は後のミヨーやプーランクにも認めることができよう。意図的にサロン音楽のスノブな感傷を気取ったり、場末のキャバレー音楽に関心を示すなどといったことは、ドイツ系の作曲家ではまず考えられない。それどころか、一九世紀のドイツ系音楽にとっては、通俗的ないし娯楽的な要素を徹底的に排除することこそが、アイデンティティーの拠り所だったようなところすらある。

ドイツ語圏でも、ヨハン・シュトラウスのワルツだけは芸術音楽系の作曲家（ブラームスなど）にも広く愛されていたが、総じて彼らは芸術音楽と娯楽音楽の間に厳格な線を引く傾向があった。クルト・ワイルのようにキャバレー音楽に対して興味を示す作曲家がドイツにも現れるのは、第七章で述べるように、一九二〇年代になってからのことだ（なおキャバレー音楽に初めて影響を受けたドイツ系の作曲家は、意外なことだが、シェーンベルクかもしれない――若い頃ベルリンのキャバレーで仕事をしていて、いくつかのキャバレー・ソングも残した彼だが、《月に憑かれたピエロ》にはその影響が示されている）。いずれにせよ、ドイツ音楽の立場からすれば「フランス的軽薄」とか「表面性」と批判されるような方向を意識的に目指し、それらをダンディズムの美学とでもいうべきものへと昇華したのが、ドビュッシーやラヴェルであった。

なお、これらサロン音楽やミュージック・ホールの音楽と並ぶ印象派の霊感の源が、クープランやラモーのロココ鍵盤音楽である。ドビュッシーの《映像》第一集の〈ラモー賛〉やラヴェルの《クープランの墓》についてはいうまでもなく、前者の《ピアノのために》や後者の《ハイドンの名によるメヌエット》や《ソナチネ》（特に第二楽章のメヌエット）にも、そこはかとないフランス・ロココへのノスタルジーが感じ取られるだろう。一九世紀音楽史はひたすら、「より複雑なもの、より大きなもの、より新しいもの」を目指して突き進んできた。音楽史においても一九世紀は、進歩史観の時代だったのだ。それに対する揺り戻し、つまり一八世紀以前の音楽の単純さへ回帰しようとする擬古典主義の動きが全ヨーロッパ的な潮流になるのは、一九二〇年代になってからのことである。だが印象派の作品においては、音楽史が進歩史観に取り憑かれる一九世紀よりも前の時代へ戻ろうとする傾向が、すでに先取りされていた。ベートーヴェン以前の時代へのノスタルジーといってもいい。サロン音楽であれ、場末の酒場の音楽であれ、フランス・ロココ（それは当時のサロン音楽だったわけだが）であれ、印象派が愛したのは「音で哲学や宗教を語ったりしない音楽」であり、「快適で洗練された音の装飾以上でも以下でもない音楽」であった。

エキゾチズムの新しいチャンス

ワグネリズム、サロン音楽、場末の酒場の音楽、擬古典的傾向——ここにエキゾチズムを加えれば、フランス印象派音楽のパレットの絵の具はほぼすべて出揃う。よく知られているように、一八八九年のパリ万博で聴いたジャワや中国の音楽は、ドビュッシーに強い影響を与えた。また若い頃のドビュッシーやラヴェルは五人組らのロシア音楽に強く惹かれたし、スペイン音楽も彼らを魅了してやまなかった。これらもエキゾチズムの一種といえよう。そもそも異国文化への強い関心は、一九世紀フランス芸術の特徴である。海外植民地が多かったこととも関係しているのだろう。ドラクロアからルオーやゴーギャンの異国趣味、あるいは浮世絵に対する印象派画家たちの強い関心については、いうまでもあるまい。音楽史でも一九世紀フランスは、ラロの《スペイン交響曲》、サン＝サーンスの《アルジェリア組曲》や《アフリカ幻想曲》や《ピアノ協奏曲第五番「エジプト」》、ビゼーの《カルメン》やシャブリエの《スペイン狂詩曲》など、エキゾチズムで溢れている。

それにしても自国以外の音楽に対するフランスのこの開け方は、一九世紀ドイツの作曲家たちとはあまりに対照的である。一八世紀末にとりわけウィーンでトルコ音楽が流行したことはあったが、一九世紀のドイツ語圏の作品で「異国の要素」といえば、せいぜいシューベルトやブラームスが愛したハンガリー的要素くらいではあるまいか。オリエント世界から題材を取っているマーラーの《大地の歌》やシュトラウスの《サロメ》にしても、音楽的な異国表現はごく控えめである。これはおそらく、一九世紀以来のドイツ音楽の文化純血主義と強く関係していたのだろう。「世界に冠たるドイツ音楽」の偉大さを信じてやまない彼の地の音楽文化は、自国以外から刺激を受け、あるいはそこから学ぶ必要性を、あまり感じなかったのだろうか。

もちろんドビュッシーやラヴェル以前のフランス音楽のエキゾチズムは、きわめてプリミティヴなものであった。つまりシンバルや銅鑼《どら》などの鳴り物を仰々しく鳴らしてみせたり、五音階をところどころに混ぜる程度なのである。それは絵に描いたようなオリエンタリズムであって、西洋的な和声や旋律の構造自体はまったく崩さず、ところどころへ香辛料のように異国要素を加えるだけなのだ。だが印象派（特にドビュッシー）以後、フランス音楽におけるエキゾチックな要素の役割は、大きく変わる。それまでの香辛料としてのエキゾチズムと違って、伝統的な西洋音楽の語法を拡張し、あるいはそれを解体するような方向へと、異国の音楽が作用しはじめるのである（図Ⅵ－5）。

エキゾチズムの可能性について、すでにサン＝サーンスが次のように述べている。「音楽はもはやその発展の限界に達している。調性は死に瀕しているのである。これはもっぱら長調と短調ばかりを使い続けてきたことから生じた問題である。今日古い旋法が見直されつつあり、それとともに素晴らしい多彩な東洋の旋法が芸術の中に入ってきている。これらすべてが、使い尽くされた旋律に新たな要素を与え、実り豊かな時代を生むだろう」。「ドミソ」とか「ドファラ」といった和音、あるいは「ドレミファ

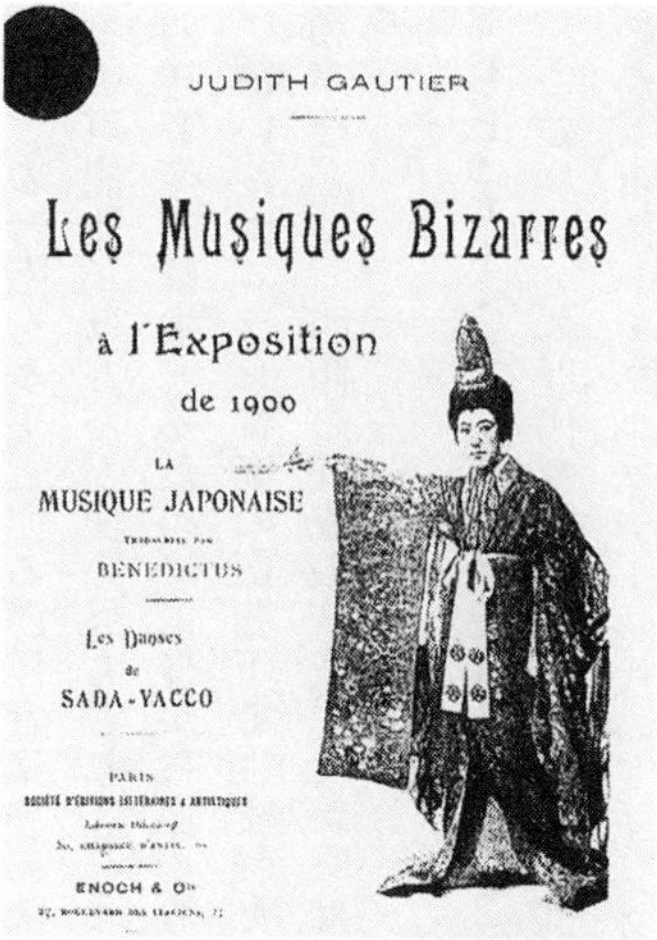

Ⅵ－5　**1900年のパリ万博では、貞奴なる日本の芸者も日本舞踊を披露して話題を呼んだ。ユーディット・ゴーチエ**（詩人テオフィール・ゴーチエの娘で、一時期ワーグナーと愛人関係にあったといわれる）**は、その音楽を採譜して、『1900年万博の奇妙な音楽』と題して出版した。**

……」の音階を基礎とする西洋音楽の語法は、その成立から三〇〇年近く経ったこの時代、その可能性がほとんど使い尽くされてしまったと、多くの作曲家が感じていた。老いてきた西洋音楽を蘇生するために、外から血を導入する必要が感じられていたのである。パリ万博で聴いたガムラン音楽の影響下で生まれたドビュッシーの《版画》の第一曲〈塔〉の大胆な和声などは、西洋の既成の音楽思考からは決して生まれ得なかったはずのものである。

リヒャルト・シュトラウスとマンモス・オーケストラ

このフランス近代音楽の「夜明け」とは対照的に、爛熟の果てのような様相を呈しているのが、ポスト・ワーグナー時代のドイツ音楽だ。その代表がマーラー（一八六〇－一九一一年）であり、リヒャルト・シュトラウス（一八六四－一九四九年）である。第五章で述べたところの「物量作戦」と「音楽の擬似宗教化」というロマン派音楽の二つの傾向は、彼らにおいて――バベルの塔まがいの――誇大妄想と紙一重の絶頂に達することになる。

マンモス・オーケストラによる物量作戦といえば、マーラーのオーケストラも巨大ではある。しかしながら彼の作品においては、後で述べるように、リート的な親密さが大音量に劣らぬ重要な役割を演じている。「重装備を施されたマンモス・オーケストラで聴衆の度肝を抜く音楽」の代表といえば、何といってもシュトラウスだ。ヴァイオリンのパガニーニ、ピアノのリストにあたるのが、オーケストラではベルリオーズだとすれば、彼をさらに凌ぐ音楽史最大のオーケストラ・ヴィルトゥオーソが、シュトラウスである（彼はベルリオーズが書いた『管弦楽法』の改訂版を出版しているほどだ）。一九世紀音楽の大きな特徴である「ハッタリの原理」を、彼はあからさまに前面に押し出してくる（図Ⅵ－6）。

Ⅵ－6　シュトラウス・オーケストラの戯画。最新鋭の大砲を満載した戦艦のようにも、サーカス一座のようにも見える。

これがとりわけはっきり出ているのが、曲の始め方だろう。たとえばブルックナーのように、じっくり時間をかけてクライマックスを築いていくといった悠長なことを、彼はしない。曲が始まったら即座に聴き手の心をつかんでしまおうとするのが、シュトラウスである。つまり彼はクライマックスを一番最初にもってくる（ひらたくいえば「最初の一撃でハッタリをかます」）傾向があるのだ。その典型が交響詩《ツァラトゥストラはこう言った》（一八九六年）

や《英雄の生涯》（一八九九年）である（《ドン・ファン》や《アルプス交響曲》も同様である）。これほど圧倒的な曲の始まりが書けた作曲家は、シュトラウス以外にはいない。だが——結局のところ一番「スゴイ」のは最初なのだ。いつまで待っても、怒濤のような冒頭を凌ぐクライマックスはもう現れない。それどころか、曲が先へ進むにつれて冒頭の力の漲りは徐々に徐々に萎《な》えていき、最後は諦念の中で消えるように曲が閉じられるというのが、シュトラウスの多くの作品の特徴である（「諦念の終わり」と並んで彼が多用するのが、「ユーモラスで肩透かしな終わり」である）。

この力の誇示とニヒリズムとの同居の点でシュトラウスは、彼が崇拝してやまなかったニーチェととてもよく似ている。同じ「英雄の交響曲」でも、ベートーヴェンの《エロイカ》のごとき内側から湧き上がる力の横溢は、シュトラウスの《英雄の生涯》にはない。後者の賑々しい「英雄の戦い」の部分などを聴くと分かるように、シュトラウスの「英雄」は力まかせに「敵」をねじ伏せようとするが、決してベートーヴェンのような充実したフィナーレに至ることはできない。彼の「英雄」は諦めの中で死を迎えるのである。シュトラウスの親友だったロマン・ロランがいみじくも述べているように、ベートーヴェン作品が「打ち負かされた英雄の勝利」だとすれば、シュトラウス作品は「打ち負かす英雄の敗北」なのである。ただし、これは決してシュトラウス作品の欠陥などではなく、この時代の西洋音楽が陥って

Ⅵ－7　1883年（左）および1907年（右）のマーラー。若い頃の彼は、どちらかといえば凡庸な顔つきをしていた。後年のポートレートと見比べる時、その容姿の変貌ぶりには驚くほかない。射抜くような異様に鋭い眼差しの向こうに、いったい彼は何を見ていたのか。耐え忍ぶように一文字に結ばれた、強烈な意思を示す口元は、いったい何を語ろうとしていたのか。

いた一つの精神的危機の兆候と考えられなければならないだろう。

神なき時代の宗教音楽――マーラーの交響曲

シュトラウスがロマン派音楽の「物量作戦」的な側面を象徴する作曲家の一人だったとすれば、初期ロマン派詩人以来の形而上学的な音楽観の最も忠実な継承者がマーラーである。幼い頃「長じて何になりたいか」と問われて「殉教者に」と答えたといわれる彼は、「交響曲を書くとは一つの世界を創造することだ」といっていた。『私』とは何者なのか？」、「人はどこから来て、どこへ行くのか？」、「人はいかにして救いを再び見出せるか？」――マーラーの九つの交響曲は、こうした形而上学的な問いとの、痛々しいまでに真摯な対決である（図Ⅵ-7）。

しばしば合唱を伴う彼の交響曲は、ジャンル的には交響曲とオラトリオを結合したものといえる。それは器楽と声楽を統合して宇宙的な法悦へ高めようとする試みであり、モデルはいうまでもなくベートーヴェンの《第九》だ。ブゾーニ（一八六六―一九二四年）の男声合唱つきの巨大な《ピアノ協奏曲》（一九〇四年）、ニーチェに基づくディーリアス（一八六二―一九三四年）の《人生のミサ》（一九〇五年）、スクリャービンの《交響曲第五番「プロメテウス」》（一九一〇年）、シェーンベルクの《グレの歌》（一九一一年）など、「世界観音楽」とでもいうべき合唱を伴う巨大オーケストラ作品に、この時代の多くの作曲家が挑戦した（図Ⅵ-8）。だがマーラーの交響曲が特異なのは、マンモス・オーケストラの宇宙的響きがリートの要素と結びつく点である

Ⅵ-8　1907年にミュンヘンの建築家エルンスト・ハイガーが構想した「シンフォニー・ハウス」なる建造物。ギリシャ神殿を模していることからも分かるように、この時代にあって「交響曲を演奏する／聴く」とは、ほとんど一つの宗教体験だった。

（特に第五番までの交響曲ではいずれも、《さすらう若人の歌》とか《リュッケルト歌曲》といった自作リートの主題が流用されている）。リートという一九世紀で最も親密とされたジャンルが、交響曲（オラトリオ）という最も壮大なジャンルと結合されるのである。

マーラーにおける交響曲とリートの結合は、いったい何を意味していたのか？　それを端的に理解できる作品の一つが、演奏に一時間半を要求する長大な《交響曲第三番》（一九〇二年初演）の終楽章である。自作リートからの引用でこそないが、この楽章の冒頭主題は明らかにリート的性格を帯びている。民謡のように誰もが口ずさめ、穏やかで飾り気なく、少しコラールを連想させる——この楽章が帯びている宗教音楽的な性格はこれと関係している——本当に朴訥《ぼくとつ》な旋律だ。オペラのアリアのような、大向こう受けを狙う大きな音程跳躍やコロラトゥーラ風の装飾は、ここにはまったくない。これは大勢の聴衆を前に声高に自分をアピールするための音楽ではない。誰かに聴かせるための音楽ではない。あたかも、ふと気づけば心に浮かんでいて、いつの間にか一人口ずさんでいる、そんな情景がふさわしい旋律なのだ。オペラ的で華々しいシュトラウスの多くの主題と、これは好対照である。

この主題を展開していくマーラーのやり方は見事という他ないが、とりわけ感動的な瞬間といえば、延々三〇分近い時間をかけてようやくたどり着くこの楽章のクライマックス近くで現れる、あのトランペット・ソロだろう。遠くから微かに、しかし高らかに、冒頭主題が戻ってくる。それはまるで、名もなき人の心に浮かんだ名もなき旋律が天上まで届き、そのこだまが天使の吹くトランペットの音となって、再び地上に降り注いでくるかのようだ。この啓示の瞬間（こういう場合にマーラーはしばしばトランペット・ソロを使う）を境にして、あたかも天上と地上の間で互いに反響しあうように、この旋律はどんどん音量を増していき、オルガンのように轟く最後の和音へと至るのである。「これほど心を揺さぶる音楽は前代未聞だ」と書いても、多くの人が同意してくれるはずである。

このクライマックスで何よりも驚くべきは、どれだけ大音響になっても、この旋律が決してそのリート的／内面的な性格を失わない点である。音響が増せば増すほど、ますます聴き手は各々の内面世界へと深く沈潜していく。これは聴衆から喝采を浴びるための音楽ではない。交響曲であるにもかかわらず、それは祈りの音楽なのだ。何よりの証拠は、この第三交響曲（あるいは第九交響曲や《大地の歌》）がライブで演奏される時、最後の響きが消えても、例外なしに誰一人としてしばらく拍手をしようとしないという事実である。それはまるでミサの後のように、一人一人がさまざまな思いを胸に静かに去っていくことを、暗黙のうちに求めている音楽だともいえるだろう。

音楽がどんどん世俗化していったバロック以後の音楽史にあって、マーラーは再び神の顕現を音楽の中に見出そうとした作曲家だった。だが宗教が死んだ一九世紀に生まれた彼にとって、「在りて在るもの」としての神は、決して自明ではなかったはずである。しかも彼はカトリックに改宗したユダヤ人だった。当代随一の指揮者として、ウィーン宮廷歌劇場の音楽監督のポストを狙ううえで、その方が有利だったからである。何の疑いもなく「神は在る」とは、彼にはいえなかったはずだ。神への希求と懐疑と世俗への執着の間のこの分裂は、おそらくバッハなどがまったく知らなかったものだろう。しかしながら、まさにこの悶絶するような自己矛盾こそが、マーラーの音楽を現代人にとってなおきわめてアクチュアルな——あれほど感動的な——存在にしているものであるに違いない。シェーンベルクはマーラーの熱烈な信奉者であったが、一九一二年に彼は、当時構想中のオラトリオ（後に《ヤコブの梯子《はしご》》となる）の主題について、次のように述べている（詩人リヒャルト・デーメルへ宛てた手紙）。「物質主義、社会主義、無政府主義に満たされ、無神論者であったが、それでも昔の信仰の名残を少しばかり（迷信という形で）保っている今日の人間、この現代の人間が、いかに神と争い、ついには神を見出し、信仰をもつに至るか、祈ることを学ぶに至るのか」。この「いかに現代人は再び神を見出し、祈ることを学ぶに至るのか」という問い、これこそまさにマーラーの全創作のモットーでもあったに違いなかろう。

Ⅵ‐9　電気（エレキ＝エレクトラ）椅子で囚人を処刑するシュトラウス（左上）、第六交響曲のハンマーの傍に立つマーラー（左下）、音楽院に火を放つドビュッシー（右上）。同時代のカリカチュアにおいて、彼らはいずれも変質者か犯罪者のように描かれている。

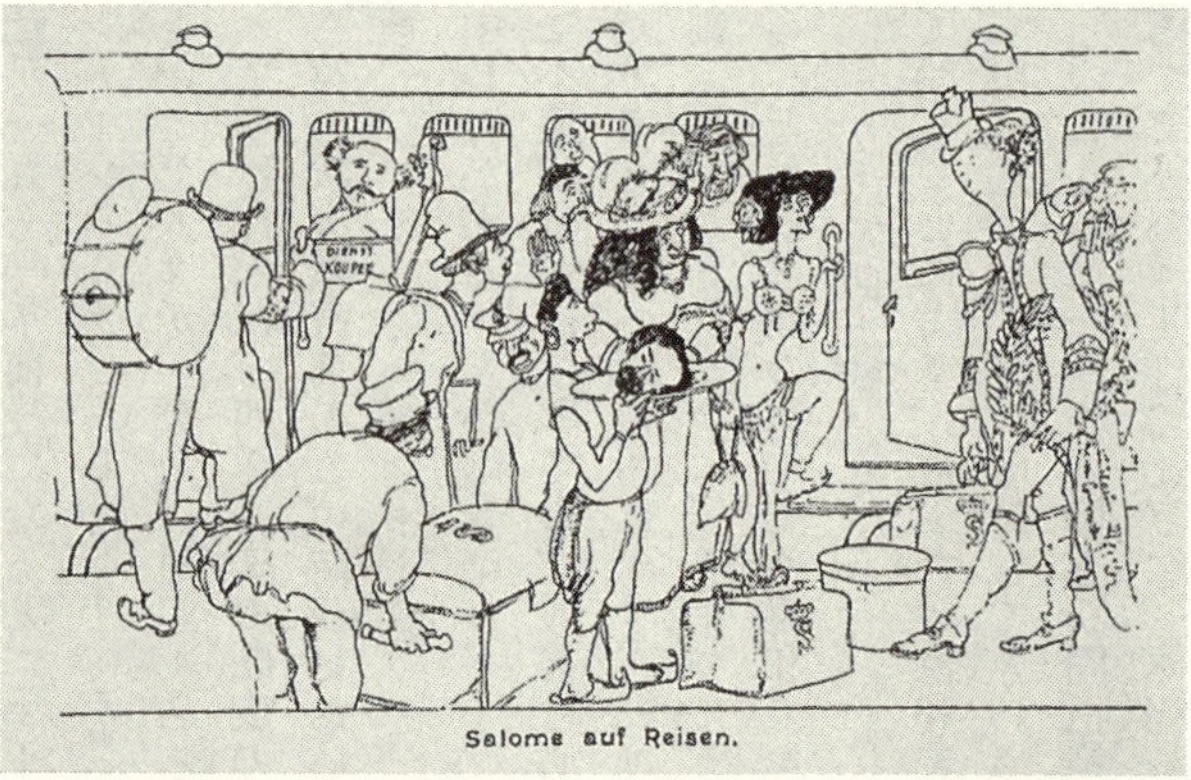

VI - 10　特別列車で移動するサロメ様ご一行。シュトラウスの《サロメ》は、超前衛的な作品であったにもかかわらず、こんなカリカチュアが描かれるほどの評判をとった。そしてシュトラウスは、《サロメ》の大当りによって、ミュンヘン近郊のガルミッシュに瀟洒な別荘を建てた。

越境か破局か——第一次世界大戦前夜

世紀転換期の音楽史の三人の主役、マーラー（一八六〇年生まれ）とドビュッシー（一八六二年生まれ）とリヒャルト・シュトラウス（一八六四年生まれ）は、ほぼ同年代である。彼らは時代の最も前衛的な作曲家として知られていたし、その作品はしばしばスキャンダルを巻き起こした。図に示したカリカチュアを見れば、彼らが同時代の人々にどう思われていたか、よく分かるだろう（図VI - 9）。ただしマーラーにしてもドビュッシーにしてもシュトラウスにしても、反逆児のポーズとは裏腹に、広い公衆へのアピールを忘れたことはなかった（図VI - 10）。何のかんのいっても、彼らは常に人々の話題になる作曲家だったのだ。

だが一九一〇年前後になると、マーラーやドビュッシーやシュトラウスよりも若い世代の、シェーンベルク（一八七四年－一九五一年）やストラヴィンスキー（一八八二－一九七一年）といった人々が、公衆に対してさらに過激なスタンスをとりはじめるようになる。彼らがやってのけたのは、西洋音楽の既成の枠組みを根底から覆しかねない実験であった。

第一次大戦直前のこの時代においては、「音楽」についての三つの既成概念が覆されたと考えることができる。まず第一に、シェーンベルクが行なった「調性」の破壊。「音楽には中心音がある」とか「音楽はドミソとかドファラといった和音でできている」とか「どんなに不協和音が出てきても、最後は必ず協和音に解決して曲は終わる」といった考え方の解体だと考えればいいだろう。すでにリヒャルト・シュトラウスが、とりわけ彼の最も過激な楽劇《エレクトラ》（一九〇九年）で、実質的に調性を崩壊寸前に追い込んでいた。しかしながら、どれほど曲の途中で不協和音を使おうとも、シュトラウスはほぼ例外なく最後は三和音（ドミソ）で曲を閉じていた。むしろ彼は、大量の不協和音でもって聴き手の耳を痛めつけておくことにより、数少ない協和音を一層効果的に美しく響かせる巧みな術を心得ていたとすらいえよう。それに対してきわめて急進的な気質の持ち主だったシェーンベルクは、公衆とのこうした一種の妥協を断固拒絶し、曲の中から一切の協和音を閉め出してしまった。まるでアリバイ工作のように、本当に自分が信じてもいないドミソのハッピーエンドでもって曲を閉じるなど、彼には耐え難かったのであろう。一九一一年に書かれた《六つのピアノ小品》作品一九などは、その最も極端な例である。

破壊された第二の要素は、「拍子の一定性」である。従来の音楽にあっては、基本的に一つの曲の中では拍子が変わることはなかった。四分の三拍子の曲は、原則として、最初から最後まで四分の三拍子なのだ。この規則を覆したのが、ストラヴィンスキーのバレエ曲《春の祭典》（一九一三年）である。とりわけこの作品最後の「生贄《いけにえ》の踊り」では、一六分の五・八分の二・八分の一・八分の二・一六分の二・一六分の三という具合に、絶え間なく拍子が変化し続ける。《火の鳥》（一九一〇年）や《ペトルシュカ》（一九一一年）が大人気を博したのとは対照的に、この《春の祭典》のパリ初演は前代未聞のスキャンダルを引き起こした。二回目の演奏は成功をおさめたとはいえ、この《春の祭典》スキャンダルは、この時代に生じた前衛作曲家と公衆との間の亀裂の劇的なドキュメントの一つである。

シェーンベルクやストラヴィンスキーが行なったことほど知られてはいないが、第三に挙げたいのが、「楽音」の破壊である。いうまでもなく、従来の音楽は「楽音（一定の音程をもつ楽器ないし人声による音）」によって作られるものであった。一九世紀も後半になると、それまでは考えられないくらい多様な打楽器が用いられるようになってはくるが（一定の音程をもたないシンバルや銅鑼や大太鼓などの響きは楽音と調和しない）、それでも楽曲の骨格を

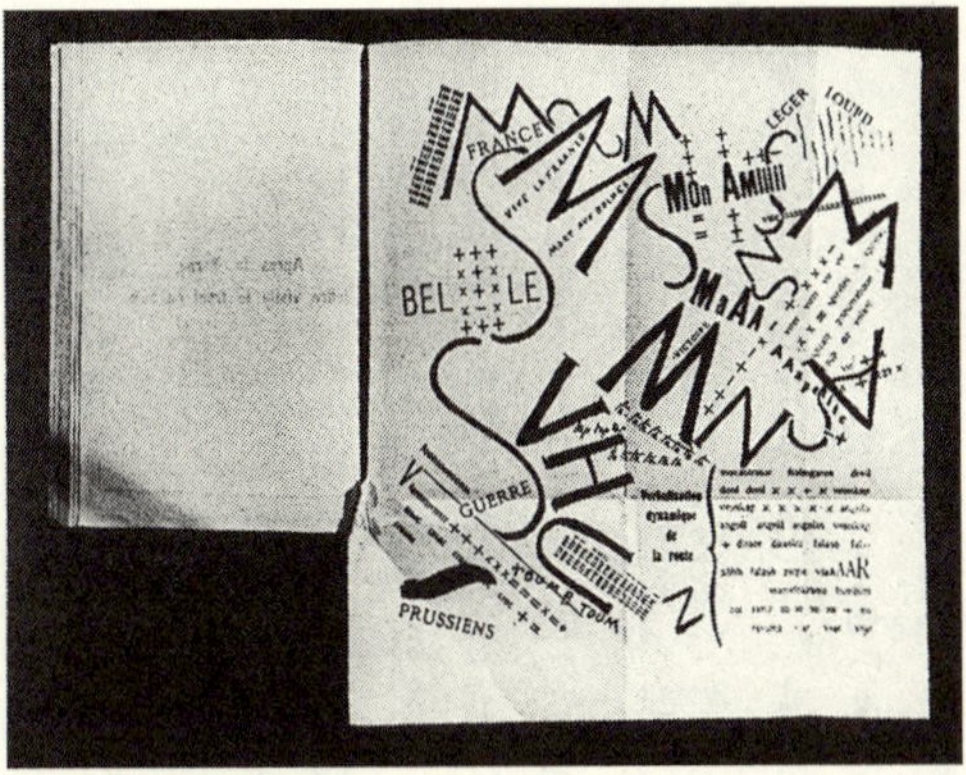

Ⅵ－11　未来派の詩人マリネッティが1919年に作った（描いた）『自由な状態にある語』と題された詩（絵）。

支えるのはあくまで弦楽器や管楽器だった。この「音楽の素材＝楽音」という既成概念の転覆を試みたのが、イタリアの前衛芸術家ルイジ・ルッソロ（一八八五―一九四七年）である。いわゆる未来主義者だった彼は、一九一三年にイントナルモーリなる「楽器」を発明する。これは自動車のエンジンのような爆発音や銃の発射音、蠅《はえ》が飛ぶような音、ガラスを擦《こす》り合わせるような音などから成る「騒音楽器」なのであった。これは第二次世界大戦後のミュジック・コンクレートなどの先駆けとなる実験であった（図Ⅵ－11）。

第一次世界大戦が勃発したのは一九一四年の夏。ウィーンの皇太子がサラエボで暗殺されたことがきっかけとなって、ヨーロッパ列強は血に飢えたように互いに宣戦布告しあい、瞬く間に全ヨーロッパが大戦争へと突入した。ヨーロッパ本土で戦争が起きたのは、ほとんど四〇年ぶりだったというだけではない。第一次世界大戦は人類史上初めて近代兵器（戦車、ダイナマイト、潜水艦、軍用機など）が使用され、前代未聞の大量殺戮が行なわれ、ヨーロッパ中が焦土と化した戦争であった。一般に芸術家というものは、人々がほとんど気づいていない微かな時代の兆しを、地震計のような感度で察知するところがある。美術の世界でも一九一〇年頃から、とりわけドイツとオーストリアにおいて、間近に迫るカタストロフの予言としか思えないような作品が生まれはじめていた。ココシュカやシーレの表現主義やカンディンスキー（シェーンベルクの親友でもあった）らの抽象絵画である。そして音楽史でもまた、伝統的な枠組みを粉々にしてしまうような亀裂が、この頃に生じたのである。

第七章　二〇世紀に何が起きたのか

第一次世界大戦の終わりとロマン派からの訣別

世紀転換期に活躍した大家たちの創作活動は、第一次世界大戦を境にして、まるで申し合わせたように徐々に影が薄くなっていく。マーラーはすでに一九一一年に世を去っており、スクリャービンは大戦の最中（一九一五年）、ドビュッシーは大戦が終わるのとほぼ同時（一九一八年）に亡くなった。また大戦後のリヒャルト・シュトラウスには明らかに創作の衰えが見えはじめ、ラヴェルやプッチーニやラフマニノフやシベリウスの場合は、発表する作品数が極端に少なくなっていく。彼らの有名曲のほとんどは、大戦より前に書かれたものなのである。

第一次世界大戦後、これら世紀転換期の大家たち（一八六〇／七〇年代生まれの世代）に代わって音楽史の表舞台に登場してくるのが、プロコフィエフ（一八九一―一九五三年）、ショスタコーヴィチ（一九〇六―七五年）、ヒンデミット（一八九五―一九六三年）、ミヨー（一八九二―一九七四年）、プーランク（一八九九―一九六三年）といった、一八九〇／一九〇〇年代生まれの世代の若者たちである。ヴェルサイユ条約とワイマール憲法と国際連盟の結成、プロレタリア革命とソビエト連邦の成立、マレーネ・ディートリヒやチャップリンの映画、キャバレー文化、ジャズやフォックストロットやボクシングといった、アメリカ文化の大流行。第一次世界大戦が終わった一九一八年から、一九二九年の世界大恐慌と一九三三年のヒトラーによる政権奪取を経て、一九三九年のナチスのポーランド侵攻で第二次世界大戦に突入するまでの、つかの間の繁栄と喧騒と享楽の時代の音楽史の主役が、右に名前を挙げた恐るべき子供《アンファン・テリブル》たちである。

　一九二〇年代に登場した若手作曲家たちに共通していたのは、ロマン派への極度の嫌悪だ。ロマン派音楽の時代は一九二〇年代に入ってほぼ完全に終熄するといっていい（最近再評価が著しいコルンゴルトの素晴らしいオペラ《死の都》〔一九二〇年〕やシュレーカーの楽劇《宝探し人》〔一九二〇年〕のような、ロマン派の爛熟の果てのような作品も少しはあったが）。オルガンのような響き、官能的な和声、情緒纏綿《てんめん》たる旋律、司祭のごとき厳かなポーズ、あるいは内気な芸術家の孤独な魂の表現といったものを、新しい世代は徹底的に排除しようとした。彼らの一九二〇年代の作品を特徴づけるのは、ミシンを踏むような機械的なリズムであり、残響のない乾いた響きであり、辛辣な嘲笑であり、ジャズやキャバレー音楽といった実用音楽の喧騒に対する好みである（図Ⅶ－1）。すでにプロコフィエフの《交響曲第一番「古典交響曲」》（一九一八年）にはこうした傾向が現れているし、まだ学生だったショスタコーヴィチの天才的なデビュー作《交響曲第一番》（一九二五年）も同様である。またクライマックスではアコーディオンが流行歌を奏で、消防車のサイレンが鳴り渡るヒンデミットの騒々しい《室内音楽第一番》（一九二二年、シャイー指揮の素晴らしい録音がロンドンから出ている）は、この時代の気分を端的にあらわしている作品の一つだ。こうした作曲潮流は、ドイツの場合は「新即物主義」、フランスその他では「新古典主義」と呼ばれることが多い。ロマン派の青白い顔をした詩人の夢想を嫌い、こ

Ⅶ－1　1920年代の、とりわけパリやベルリンにおいては、アメリカン・ダンスが大流行し、人々は好んで「ノックアウト」とか「ケーオー」といったスラングを口にし、ヘンリー・フォードの自伝がベストセラーになり、ジョゼフィン・ベーカーという黒人ストリッパーが熱狂的に迎えられた。

Ⅶ－2　1920年代を代表するオーストリアの音楽雑誌『アンブルッフ』は、1927年に「音楽と機械」という特別号を出した。ラジオやレコードや自動楽器といった、新しい「機械的な」メディアの音楽的可能性が、この時代から頻繁に人々によって議論されるようになる。

とさらに悪ガキのポーズをとってみせるのが、この時代に登場してきた若手作曲家の特徴である（ただしヒンデミットやプーランクやプロコフィエフやショスタコーヴィチは、後年もっと「ロマンチックな」作風へ回帰することになった。図Ⅶ－2）。

作曲だけでなく演奏スタイルも、この時代に大きく変化した。一九世紀の演奏においては、できるだけ残響をたっぷり響かせ、ゆっくりしたテンポを選び、気分がおもむくまま頻繁にテンポを揺らすやり方が主流だった。ペダルもルバートもないショパンとか、イン・テンポのワーグナーなど、想像もつかないだろう。フルトヴェングラーやクナッパーツブッシュやメンゲルベルク、あるいはピアニストとしてのラフマニノフには、こうした一九世紀の演奏スタイルが色濃く残っているといわれる。それに対して一九二〇年代に入ると、残響を薄くし、テンポをほとんど揺らさず、感情移入を避け、ひきしまった筋肉を誇示するような運動感覚を強調した演奏が流行しはじめる。これが俗に新即物主義といわれるもので、トスカニーニやシェルヘンらがその代表とされた。ためしにベートーヴェンやブラームスの交響曲を、フルトヴェングラーとトスカニーニ（またはシェルヘン）で聴き比べてみれば、この時代に新しく登場してきた演奏スタイルがどういうものであったか、即座に理解できるはずである（図Ⅶ－3）。

Ⅶ－3　チェンバロを弾くワンダ・ランドフスカ。古楽器復興の運動が本格化するのも1920年代である。「原典に忠実な演奏」が声高に叫ばれ、ロマン派的な「演奏者の主観」は非難の的になりはじめた。

オリジナリティ神話の否定——新古典主義時代のストラヴィンスキー

ロマン派音楽は爛熟の果てに第一次世界大戦直前に瓦解し、そして大戦後に現れた恐るべき子供《アンファン・テリブル》たちによってとどめを刺されたとすれば、一九二〇年代のアンチ・ロマン派潮流のカリスマに祭り上げられたのが、一九二〇年代のいわゆる新古典主義時代の

Ⅶ‐4、5　左はコクトーが描いたストラヴィンスキーとピカソ。右はピカソによるストラヴィンスキーのポートレート。彼ら三人は大の親友だった。コクトーのエッセイ『雄鶏とアルルカン』は新古典主義音楽の重要な理論書である。（Theo Hirsbrunner, *Igor Strawinsky in Paris* より）

ストラヴィンスキーである（図Ⅶ‐4および5）。それは「バロック時代への回帰」といった単なる回顧趣味ではない。創作の転機となったのは《兵士の物語》（一九一八年）と《プルチネルラ》（一九二〇年）だ。《兵士の物語》では、サーカスや蚤の市で聞こえてくるような「場末の音楽」やワルツやコラールなど、本来は互いに無関係なはずのさまざまな音楽様式が、コラージュのように引用並列される。《プルチネルラ》は一八世紀前半のナポリの作曲家ペルゴレジのトリオ・ソナタおよびオペラ・アリアの編曲作品であるが、これまたどれも少しずつ巧妙なパロディ化を施されている。これらは既知の材料の引用とアレンジだけで曲を書く試みであり、用いられる素材自体はどれも見慣れたものである。にもかかわらず、微妙な文脈のずらし方によって、独得の異化作用が生じるのである。この点でストラヴィンスキーの新古典主義は、彼の親友だったピカソのコラージュときわめて似た技法に基づいていた（同時代のロシア・フォルマリズム詩学における「異化」の概念にも近い）。

ロマン派の音楽史を支えていたのはオリジナリティの原理である。音楽史に名を残そうとする作曲家である以上、過去を踏まえつつも、その上に新しい独創的な何かを作り出さねばならないという神話に、一九世紀の人々は取り憑かれていた。だがストラヴィンスキーは、この「歴史の進歩」と「オリジナリティ崇拝」を根底から否定する。新古典主義時代の彼の作曲原理は、様式引用とアレンジのそれ、平たくいえば「パクリ」と「継ぎ接ぎ《パッチワーク》」であって、これこそロマン派においては最も蔑視されてきたものなのだ。

よく聴けば彼のパロディ技法は、超一流の作曲家にして初めて可能な、実に精緻なものである。たとえば《プルチネルラ》の冒頭の典雅な主題。最初のフレーズには一箇所だけ、一八世紀には絶対ありえなかった不協和音が混入している。腕のいい贋金《にせがね》づくりは、本物そっくりの偽紙幣の中に、素人が見ても絶対に分からないような、本物とは違う箇所を必ず一つ作ろうとすると聞いたことがあるが、ストラヴィンスキーの創作にもこうした贋作の美学とでも呼ぶべきものがある。《プルチネルラ》冒頭のこの不協和音の混入は、それが即座に「贋物」であることを聴き分けられるだけの音楽史の知識と鋭い耳をもっている筋金入りの通のための、一種の暗号なのだ。その意味でストラヴィンスキーの新古典主義時代の作品は、シェーンベルクに劣らずきわめて難解な「現代音楽」であるといえよう（ちなみに私自身、中学三年で初めて《プルチネルラ》を耳にした時のことを思い出す。当時の私は《春の祭典》に夢中だったのだが、《プルチネルラ》はまるでチンプンカンプンだった。つまり《春の祭典》より《プルチネルラ》の方が、はるかに理解するのが難しかったわけだ）。

このようにストラヴィンスキーのパロディ技法は、決して誰にでも真似できるようなものではなく、あの《ペトルシュカ》や《春の祭典》を書いた彼にして初めて可能な、一種の曲芸であったことは確かである。だがいずれにせよ新古典主義時代の彼は、「パクリ」と「継ぎ接ぎ」を誰はばかることなく作曲の中心原理として創作の前面に押し出してきた。これは一九世紀ロマン派の独創美学に対する痛烈なアンチテーゼ――彼はロマン派音楽が大嫌いだった――であった。一九世紀の音楽史は、しゃにむに新しい音素材（独創的な形式、和声、旋律法、管弦楽法、リズム等々）の開拓に勤《いそ》しんできた。だが新古典主義時代のストラヴィンスキーは、こうした「新素材開発」の方向に完全に背を向ける。その引用とアレンジのやり方こそ途方もなく独創的だが、素材自体はほとんどすべて既成のものなのだ。ストラヴィンスキー自身はこの問題について証言を残してはいないが、その背後にあったのは、「音響的に新しいオリジナルな素材は、もはやこれ以上開拓する余地は残っていない」という認識だったのではないか。「音響素材の開拓史としての音楽史は、もうこれ以上前へ進めることはできない。既成の音響素材の換骨奪胎＝意味の解体としてのみ、かろうじてまだ少し新しいことをする余地が残っている」——それが諦念であれ、ニヒリズムであれ、嘲笑であれ、彼ははっきり音楽史の発展の限界ということを意識していたように思える。

荒野に叫ぶ預言者——シェーンベルクの一二音技法

ストラヴィンスキーは、音楽史の終焉をクールに見定めつつ、あえて変則技を使って、なお残されているわずかな可能性を汲み尽くそうとした人だった。それに対して、もはや誰一人自分に耳を傾けてくれる人がいない荒野へ踏み出そうとも、断固として音楽史を前進させようとしたのが、シェーンベルクである。一九一〇年前後に彼が調性を解体したことは第六章で述べたが、当時の彼は、ほとんど理論の支えなしに、霊感と本能でそれをやっていた。音楽に限らず表現主義の運動はおしなべてそういうものだったわけだが、いわゆる「自由な無調」の時代のシェーンベルクが行なったのは、作者の内面の震動とでもいうべきものを、既成の法則や形式や理論を一切介在させず、直接響きにしようとする挑戦だった。それに対

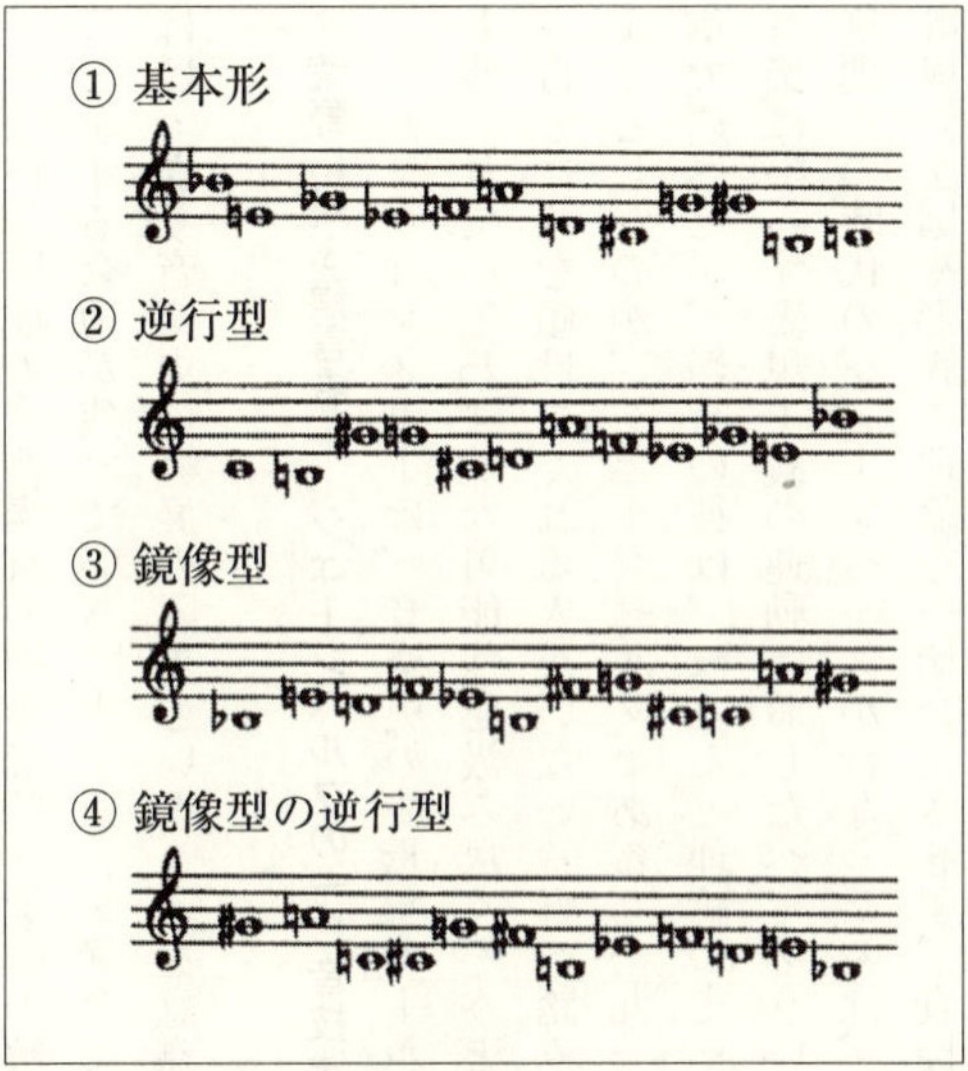

Ⅶ-6　12音技法の音列の例。

して、それまで半ば直感だけで作っていたこの無調音楽を理論化しようとする試みが、いわゆる一二音技法である。

調性のある音楽には常に中心音がある。ハ長調ならそれは「ハ（ド）の音」ないし「ハ長調の和音（ドミソ）」だ。音楽はハから出発し、他の諸々の音を経由しつつ、優先的にハを用いながら、ハで終わろうとする。それに対して無調とは、優先的に用いられる音が生じないようにして、一オクターヴの中に含まれる一二の音をすべて平等に使おうとする音楽だ。これを理論化したのが一二音技法なのである（一九二一年）。一二音技法で作曲する場合は、まず一オクターヴに含まれる一二の音を任意に並べた「音列」を作る（図Ⅶ-6）。簡単にいえば、この音列に含まれる音を順番どおりにすべて使い切るまでは、同じ音を二度重複して使わない（そんなことをしたらその音が中心音になってしまい、調性が生じてしまう）というのが、一二音技法の基本原理である。ただし、最初に設定した一つの音列しか使えないとしたら、あまりにも束縛が多く不自由であろう。そこでシェーンベルクは、基本となる音列の三つのヴァリアントを設ける。基本音列を後ろから読んでいく逆行型、それを鏡に映したように反転させた鏡像型、そして鏡像型の逆行型の三つである。

同じ調性がない音楽といっても、第一次世界大戦直前の何かに憑かれたようにして書いていた自由な無調による作品と、理論に基づいて作られた大戦後の作品とでは、まるでスタイルが違う。たとえば《三つのピアノ曲》作品一一（一九〇九年作曲）と《ピアノ組曲》作品二五（一九二三年作曲）を聴き比べて頂きたい。前者は自由奔放な音響の極彩色の乱舞である。しかし後者は幾何学模様のようで、どこか奇妙に冷たい。できれば抽象画のパイオニアでもあったカンディンスキーの大戦前と後とでの作風の違いを参考にしてほしい。まったく同じ変化が二人に起きたことが分かるはずである。それは独得の情緒欠乏症のような醒《さ》めた感覚であって、同時代のプロコフィエフやヒンデミットやストラヴィンスキーにも通じるものである（ただし第二次世界大戦の始まりとともにシェーンベルクの創作には、かつての燃え立つ忘我の熱中が蘇ってくる。《弦楽三重奏》〔一九四六年作曲〕や《ワルシャワの生き残り》〔一九四七年作曲〕は、文句なしの大傑作だ）。

第一次大戦後の一九二〇年代のシェーンベルクの作品が、どこか以前にはなかったアカデミックな硬直を感じさせるものが多いのは否定できない。だが彼自身は、一二音技法の発明によって、音楽の歴史をさらに前進させることが可能になったと固く信じていた。よく知られている逸話だが、この技法のことを初めて弟子のベルクやウェーベルンらに打ち明けた時、彼は「これによってドイツ音楽のヘゲモニーをあと一〇〇年間保証する法則を見つけた」といったのである。このエピソードからも分かるように、シェーンベルクは「音楽史を絶えず前進させなければならない、未曾《みぞう》有の響きの世界を切り拓かねばならない」という考えに取り憑かれた人だった。

アメリカに亡命してからのことだが、次のようなエピソードが残っている。ある無邪気な知り合いから「どうしてかつては《浄められた夜》〔一八八九年作曲〕のように〕ロマンチックで美しい調性音楽を書いていたのに、なぜ不協和音だらけの曲しか書かなくなったのか?」と尋ねられたシェーンベルクは、憤然として「自分だってできるなら調性で音楽が書きたい。しかし三和音を書くことを、歴史が私に禁じているのだ」と答えたというのである。シニカルに西洋音楽史の限界を眺めていたストラヴィンスキーとは対照的に、シェーンベルクは究極のロマンチストであったともいえるだろう。彼はまだ、「これまで誰も耳にしたことのない未曾有の響き」というユートピアが、どこかに残っていると考えていたのであろう。

シェーンベルク――周知のように彼はユダヤ人だった――には、荒野に叫ぶ旧約聖書の預言者の面影がある。彼の創作が連想させるのは、とりわけモーゼだ。結局未完に終わったが、楽劇《モーゼとアロン》は彼の人生の集大成となるはずの作品だった。安易な偶像崇拝を断固禁じ、約束の地を求めて草一本生えない荒野に民を連れ出し、何十年に及ぶ放浪の後、その約束の地を目前にしながら、この世を去らねばならなかった預言者モーゼ。マーラーと並ぶ近代音楽史の殉教者が、シェーンベルクであった。

「型」の再建という難題

このようにストラヴィンスキーとシェーンベルクは、音楽の歴史というものに対して一八〇度違うスタンスをとったわけだが、実は彼らの一九二〇年代の試みの根底には、共通の動機があったことを見落としてはならないだろう。それは「崩壊後の秩序の再構築」ということである。何度もいうが、彼らが大戦直前にやったことは、輝かしき破壊であった。もちろんストラヴィンスキーの《春の祭典》（一九一三年）やシェーンベルクのモノオペラ《期待》（一九〇九年作曲）は、音楽史でも類を見ない空前絶後の大傑作である。だがそれは、（モーツァルトのように）歴史の成熟の果実でもなければ、（モンテヴェルディやベートーヴェンのように）そこから豊かな発展が湧き出してくる泉でもなく、爆発の瞬間の目も眩むような輝きであった。それが反復不能の歴史上一回限りの実験だったことを否定する人はいないだろう。

あの時代のストラヴィンスキーとシェーンベルクは、創作プロセスの点でも酷似している。これらの第一次世界大戦直前の作品を、彼らはほとんど本能が命ずるままに書いたのだ。《春の祭典》についてストラヴィンスキーは、「あれは自分が書いたのではなく、何かが取り憑いて私に書かせたのだ」という意味のことをいっている。またシェーンベルクのこの時期の創作も、ほとんど自動筆記のような性格をもっていたらしい。よくシェーンベルクのことを「頭でっかちの机上の作曲家」呼ばわりする人がいるが、それはまったく見当はずれの批判である。特に自由な無調の時代の彼は、霊感に導かれるまま、信じられないくらい短期間で一気に作品を仕上げることで有名だった。当時のストラヴィンスキーやシェーンベルクは、規則をあれこれ考えたり、いろいろ推敲したりせずとも、本能だけでいくらでも曲が書けてしまう異様なハイテンションの只中にあったのだろう。しかしながら戦争が終わり、この創作の例外的な興奮状態も過ぎ去った後、彼らは再び何らかの「型」を作り出す必要があることに、はたと気がついたのではあるまいか。

創作行為が単なる独りよがりに陥ってしまわないための大前提は、大多数の聴衆が共有する「既知の型＝期待の地平」の存在である。型をある程度押さえておくからこそ、そこからの逸脱が何らかの個性や独自性の表現として意味をもち、それとして聴衆にきちんと伝えられるのであって、何の規則もないところには独創性も存在しない。第一次世界大戦後のストラヴィンスキーとシェーンベルクが模索したのは、この「型」の再建であった。ストラヴィンスキーは、過去のさまざまな様式に「聴衆の期待の地平」を形成する機能を求めた。たとえば《プルチネルラ》冒頭では「典雅な一八世紀前半のイタリア音楽」という文脈が設定されるからこそ、そこに不協和音が混入する時に、聴き手は「あれ？」と思うわけだ。誰もが知っている過去のスタイルを利用しつつ、それを換骨奪胎することで独自性を表現しようとするのが、ストラヴィンスキーである。

対するにシェーンベルクは、自ら一二音技法という新しい規則を作り出し、それをもって未来の音楽の「型」となそうとしたのではないか。彼自身は、聴き手が一二音技法の音列を聴き分けられずとも、作品理解にとって一向に差し支えないと考えていた。一二音技法はむしろ、聴衆ではなく、作曲する人間のために考案された型だといえるだろう。ある音を五線譜に書きつけてから、その次の音を探す時、よほどテンションが高く、推敲などせずとも「次」がおのずと頭に浮かぶ例外的状況は別として、音の選択の幅を限定してくれる規則《ガイドライン》がなければ、並の人間は作曲などできないはずだ。やや皮肉な言い方をすれば、シェーンベルクは「並の人間」でも調性に頼らずに作曲が可能なマニュアル＝型を作り出したともいえるだろう。

「現代音楽の歴史」は可能か？――第二次世界大戦後への一瞥

音楽史に限らず、何らかの対象について通史を書こうとする者が必ず悩まされることになるのが、「筆のとめどころ」であるに違いない。「歴史をどこで終えるか（歴史をどこまで書くか）」という難問だ。別の言い方をすれば、これは「どこから現代が始まると見なすか」という問題にも通じていくだろう。生々しい「体験」であり「記憶」でこそあれ、まだ「歴史」にはなっていない現代。すでに証明済みの客観的データに基づいて、大所高所から「歴史的事実」だけを述べるという綺麗ごとは、そこでは許されない。自ら時代の中に踏み入り、否応なしにそこに巻き込まれ、それについての自分の立場をはっきり口にすることを、つまり自分をさらすことを、人は余儀なくされるのだ。私にとってのこうした「歴史」から「現代」への転換点は、第二次世界大戦後の一九五〇年前後にある。

そもそも音楽史にとっての二〇世紀は、西洋がそのヘゲモニーを急速に失っていった時代である。もちろん第一次世界大戦も大打撃ではあったが、それとて第二次世界大戦の衝撃に比べれば物の数ではなかっただろう。ストラヴィンスキーやバルトークやシェーンベルクやベルクやウェーベルンやプロコフィエフといった大作曲家がいて、文句なしの名作が次々に作られ、それらは公衆の支持をある程度は得ており、はっきりそれと分かるいくつかの音楽史潮流があって……。もし音楽史がその先どうなっていくかを知らず、しかし今名前を挙げた人々の作品の途方もなさを十分に分かっている人が、一九二〇、三〇年代の音楽史を眺めたとしよう。これまでと何ら変わることなく、これからも西洋音楽史が先へ先へと展開していくことを、彼は信じて疑わないに違いない。しかしながら二〇世紀後半のことを知っているわれわれは、こうした西洋音楽史の連続性の自明をもはや無邪気に信じることはできない。第二次世界大戦を境にわれわれは、西洋音楽史の終焉ということを射程に入れてからなければならなくなるのである。

もちろん第二次大戦後の音楽史もまた、今までと同じようなやり方で、ある程度は記述が可能である。主要な新潮流とその展開を、それを代表する作曲家と作品に沿いつつ、美学や作曲技法や時代精神から説明するという方法だ。「現代音楽の歴史」と題された本の類はたいがい、こうした伝統的な音楽史の語り口をそのまま踏襲している。一応ここで第二次大戦後の現代音楽の流れを、ごく簡単に素描してみよう。

一九四〇年代終わりから五〇年代にかけては、ブーレーズやシュトックハウゼンやノーノといった前衛音楽の闘士たちの時代である。公衆を拒絶するヒステリックな不協和音と極度に難解な構造——一二音技法をさらに複雑にした総音列主義《トータル・セリー》——が、その特徴だ。いまだに現代音楽といえば「不協和音だらけでワケが分からない音楽」というイメージがあるが、その原点となった音楽は、実は今から半世紀以上も前に作られたものなのである。逆にアメリカのケージは、有名な《四分三三秒》（一九五二年）のように、すべてを偶然に任せ、「作曲家」とか「作品」とか「楽音」といった概念を根底から無効にしてしまうような実験を始める。このケージの試みは、あまりにも厳密に何から何まで構成しようとする主知主義に陥っていた同時代のヨーロッパの前衛たちに、衝撃を与えた。ここから生まれたのが「管理された偶然音楽」（ケージのようにすべてを偶然まかせにするのではなく、あらかじめいくつかの厳密なルールを決めておいた上で偶然性を導入する音楽）であり、クラスター技法であり（ペンデレツキが得意とした）、コラージュで曲を作る試み（ベリオの《シンフォニア》〔一九六九年〕が有名）である。だが一九七〇年代に入ると、かつての前衛の闘士たちには疲れが見えはじめる。ブーレーズの指揮への転向――彼は決して作曲を断念したわけではないといまだにいい続けているが――は、それを象徴する出来事だ。代わってアメリカのミニマル・ミュージックのように、ポップ・カルチャーへ接近する動きが出てくる……。

右で試みたのは、よくある「現代音楽の歴史」的な記述のやり方だ。しかしながら私自身は、二〇世紀後半に起きたことを理解する上で必要なのは、こうした語り口自体を疑ってかかる視点ではないかと思っている。いくつかの重要な新潮流が出てきて、それを代表する作曲家がいて、さまざまな影響関係や反動や衝突があり、それらを通して音楽史がさらに発展していくという論法。公式に「代入」される人名や概念こそ目新しいが、右にも述べたように、その説明の図式自体は非常に見慣れたものだ。あまりにも楽天的だとすらいいたい。なぜならそれは、二〇世紀後半における「作曲家／作品中心の音楽史の語り口」の有効性を、微塵も疑っていないように思えるから。今日もなお、古典派やロマン派の時代と同じく、音楽史の主役は本当に作曲家であり続けているのか？　根底から何かが変わってしまって、二〇世紀前半までを説明するのと同じ論法では、もはや音楽史を把握しきれない状況が起きているのではないか？　そもそも二〇世紀後半の音楽史は、それまでと同じ意味で、まだ「音楽史」であり続けているのか？　これが「現代音楽の歴史」的な語り口に対して私が抱く疑問である。

前衛音楽、巨匠の名演、ポピュラー音楽

思うに二〇世紀後半の音楽史風景は、「三つの道の並走」として眺められるべきである。これらの間にはほとんど接点がないように見えるが、実はいずれも一九世紀の西洋音楽が生み出したものである。第一の道とは、右に素描した前衛音楽の系譜だ。ここまで辿ってきた「作品史としての芸術音楽史」の直接の延長線上にあるのは、これである。しかしながら作品史としての芸術音楽史の存立は、第二次世界大戦後においては、もはや自明ではない。言

い尽くされたことではあるが、私がここで問題にしたいのは、いわゆる前衛音楽における公衆の不在である（この数十年ばかりの現代音楽は、再び公衆へ接近しようとしてはいるが、疑いの余地ない成功をおさめるには至っていない）。すでに一〇〇年近く前に作られたシェーンベルクの作品からしてそうなのだが、第二次世界大戦以後の前衛音楽で、いわゆる演奏会レパートリーに定着した作品は皆無に近い。せいぜい時々思い出したように再演されてはまたも埋葬されるのが関の山であって、「歴史と公衆の審判」を文句なしにくぐることができた作品数が、第二次世界大戦後になると激減するのである。

再三いっているように、西洋の芸術音楽はそもそも当初より、少数のエリートのための音楽だった。だがかつてそれは、教会や王侯貴族、そして一九世紀においては教養市民といったエスタブリッシュメントの後ろ盾をもっていた。それに対して二〇世紀後半においては、こうしたパトロンを喪失した芸術音楽は、一種のアングラ音楽へと先鋭化していったのではないか？　つまり二〇世紀後半の芸術音楽は、かつてのような「公式文化」ではなくなっているということだ。私が「現代音楽の歴史」的な記述に疑問を抱くのは、芸術音楽のこの「公式文化から一種のサブカルチャーへ」という変貌を、それが見落とさせてしまうからである（ただし私はこうした状況をことさらに嘆こうとは思わない。それどころか、もし前衛音楽に何かまだ可能性があるとすれば、それはサブカルチャーに徹することを通してのみかもしれないと考えることすらある。あの輝かしいモダン・ジャズは、それが「非公式文化」だったからこそ生まれたものだった)。

この前衛音楽の系譜とは対照的に、二〇世紀後半における「芸術音楽の王道」となったのが第二の道、つまり「巨匠によるクラシック・レパートリーの演奏」である。これは「公式文化としての芸術音楽史」の延長線上にある系譜だという言い方もできるだろう。指揮者のアーノンクールは、「一八世紀までの人々は現代音楽しか聴かなかった。一九世紀になると、現代音楽と並んで、過去の音楽が聴かれるようになりはじめた。そして二〇世紀の人々は、過去の音楽しか聴かなくなった」と述べている。たとえばブーレーズがウィーン・フィルを使ってマーラーを録音すれば話題になろうが、彼の新作を首を長くして待っている人はごくわずかだろう。第五章でも触れたように、今日の「クラシック」レパートリーのほぼすべては一九世紀後半から二〇世紀初頭にかけて確立されたものなのだが、二〇世紀後半に入ると人々の関心は、「誰が何を作るか」から「誰が何を演奏するか」へと、決定的に移行してしまった。とりわけ一九五〇年代あたりから、録音技術の飛躍的な発展もあって、いわゆる「新録音」が絶えず話題になる状況が数十年続いた。ピアノ一つとっても、五〇年代から七〇年代にかけて、バックハウスやルービンシュタインやホロヴィッツやフランソワやミケランジェリやリヒテルやグールドやポリーニの新譜が続々と現れるという、眩いばかりの豊饒の時代がやってきたわけである。従来のクラシック・ファンが、同時代のよく分からない現代音楽に辟易《へきえき》して、もっぱらこの「巨匠による古典的レパートリーの名演」の方へ関心を移してしまったのも、無理からぬことだっただろう（ひるがえって今日のことを考えると、そろそろ「名曲レパートリー」の「決定盤」はほぼ出揃ってしまい、巨匠の時代もすでに去り、ネタ枯れの気配ありありなのだが……）。

そして第三に、これまた西洋音楽が二〇世紀において生み出した系譜の一つとして、アングロサクソン系の娯楽音楽産業を挙げたい。一九世紀とは西洋芸術音楽が世界を制覇した時代だったとすれば、この音楽世界帝国を二〇世紀後半において引き継いだのが、ポピュラー音楽である。そしてポピュラー音楽のルーツもまた、意外に思われるかもしれないが、一九世紀の西洋音楽——とりわけ世紀後半に大量に作られたミュージック・ホールやサロン音楽の類——にあるのだ。これらが新世界でアフロ・アメリカの音楽と結びついて生まれたのが、現代のポピュラー音楽の遠い祖先、つまりいわゆるティン・パン・アリーの音楽だったり、ラグタイムの類だったりしたわけだ（一九世紀末から多くの楽譜出版社がマンハッタン五番街とブロードウェイの間、ティン・パン・アリーと呼ばれる通りに集まりはじめたのだが、ティン・パン・アリーの音楽とはここから発信された音楽を指す）。実際ポピュラー音楽の大半は、特に旋律構造や和声や楽器の点で、一九世紀のロマン派音楽をほとんどそのまま踏襲しているといっても過言ではない。また「市民に夢と感動を与える音楽」という美学もまた、そっくりそのまま一九世紀の西洋音楽から引き継がれたものだ。「感動させる音楽としてのロマン派」の延長線上にあるのが、ポピュラー音楽なのである。「クラシック」と「ポピュラー」は地続きであって、決して世間で思われているほど対立的なものではない。

右に述べたことを実感して頂くために、ここでいくつかの年号を挙げよう。一九五四年にはフルトヴェングラーが歿し、エルヴィス・プレスリーがデビューしている。翌一九五五年には、ブーレーズの《主なき槌》の作曲が始まり、グールドがバッハの《ゴルトベルク変奏曲》で鮮烈なレコード・デビューを果たし、ジョン・コルトレーンがマイルス・デイヴィス・クインテットに加入した。またコルトレーンの初期の名盤《ブルー・トレイン》の録音は一九五七年で、これはトスカニーニが歿した年。あるいはケージが初来日した一九六二年にはビートルズがレコード・デビューした。もちろんこの時代、クナッパーツブッシュもシューリヒトもクレンペラーもバックハウスもまだ健在だったし、カラヤンやベームは活動の全盛期を迎えつつあった（ホロヴィッツは一九五三年の演奏会を最後に、一時的にステージ活動を休止していたが）。前衛音楽、巨匠の名演、ポピュラー音楽――互いにどれほど無関係に見えようとも、これらは確かに同時代現象であり、そう眺められるべきなのである。

なお、右に挙げた三つの大きな潮流の他に、ここで少しジャズの問題に触れておきたい。

第二次世界大戦以後の最も輝かしい音楽史上の出来事は、私の考えでは、一九五〇―六〇年代のモダン・ジャズである。大戦前のディキシーランド・ジャズやデューク・エリントンのビッグバンドやベニー・グッドマンのスイング等は娯楽音楽の領域を大きく超え出るものではなかったが、それに対して戦後のモダン・ジャズは、一種の「芸術音楽化」の路線を歩んだ。マイルス・デイヴィスやジョン・コルトレーン、セロニアス・モンクやビル・エヴァンズ、あるいはバッハ演奏でも知られたMJQなどにおいては、「即興」はほとんど見せかけにすぎない。楽譜として書き下ろしていたかどうかはともかく、演奏の細部に至るまで、彼らはあらかじめ相当緻密に設計していたはずだ。またマイルスのいわゆるモード・ジャズでは、頻繁にフランス印象派を連想させる旋法が現れるし、コルトレーンのポリリズム（異なるリズムを並走させる手法）――彼はアフリカやインドの音楽からも強い影響を受けたといわれる――は、ストラヴィンスキー並の複雑さだ（有名なアルバム《至上の愛》〔一九六五年〕には、もはや娯楽音楽の要素はまったくない）。ほとんど「作品」と呼んでもさしつかえない構成の緻密さ、そして複雑かつ独創的な音システムの飽くなき探求の点で、モダン・ジャズは西洋芸術音楽と同様の性格を示しているのである。ただし一九六〇年代半ば以後このジャンルは、フリー・ジャズなどの先鋭的な前衛路線と従来のオーソドックスな娯楽路線とに分裂してしまったように思える。二〇世紀初頭において西洋芸術音楽に生じたのと同じことが、モダン・ジャズにも起こったわけである。

ロマン派の福音と呪縛

かつては「作曲上のさまざまな実験を試みる」ことと、「過去の名作を立派に演奏する」ことと、「公衆に広くアピールする曲を書く」ということは、決して分離した活動ではなかった。たとえばフランツ・リストは、時代の最先端を行く前衛作曲家であり、ベートーヴェンの《皇帝》や《ハンマークラヴィーア・ソナタ》なども演奏する巨匠ピアニストであると同時に、現代のロック・スターにも比べられるような人気アーティストであった。だが専門化が進んだ今日では、ごくわずかの例外を除いて、複数領域をハイレベルでこなせる音楽家がほとんどいなくなってしまった。このこととも大いに関係しているのだろう。この三つの同時代現象に対して絶えず向けられるところの、ステレオタイプな批判パターンというものがある。前衛作曲家の場合は「公衆を置き去りにした独りよがり」、クラシックの演奏畑の人間の場合は「過去にしがみつくだけの聖遺物崇拝」、そしてポピュラー音楽の場合は「公衆との妥協」だとか「商品としての音楽」といった非難である（一時的だったにせよ、「実験」と「過去の伝統の継承」と「公衆との接点」との間の媒介に文句なしに成功した二〇世紀後半の唯一のジャンルが、右で触れたモダン・ジャズである）。

だが実はこれらの批判はすべて、一九世紀に生まれた音楽史の新たな可能性を、負の方向へ反転したものに他ならない。第一に、音楽家がパトロンの好みに束縛されることなく、自分の意思の赴くままにさまざまな実験的試みを行なう自由を獲得したからこそ、一九世紀のあの百花繚乱の個性の開花は可能になった。第二に、過去の音楽を次々に発掘することによってレパートリーが目覚しく拡張されたのも、一九世紀のことである。過去の音楽が生きている作曲家に対してどれほど大きな刺激を与えてくれたか、一九世紀におけるバッハ再発見を思い出すだけで十分だろう。そして第三に、楽譜や演奏会制度の発達のおかげで多くの人が平等に音楽を聴けるようになりはじめたのも、一九世紀である。公衆とのこの連帯感は、作曲家にとって何よりの励みだったに違いない。かつては福音だったものが、なぜ二〇世紀後半以後ことごとく呪縛に転じてしまうのだろうか。

あまり悲観的になるのは禁物だろうが、一つ確実にいえることは、われわれはいまだに西洋音楽、とりわけ一九世紀ロマン派から決して自由にはなっていないということ、その亡霊を振り払うのは容易ではないということである。クラシック・レパートリーの演奏についてはいうまでもあるまい。過去にしがみつくことを批判して、一九世紀以前に作られた曲を全面的に禁止したりしたら（一九七〇年代のブーレーズは半ば本気でそれをもくろんでいたようにも思えたが）、もはや演奏家という商売自体が成り立たなくなるだろう。時代の先端を行くと自負する現代音楽の作曲家たちもまた、過去の西洋音楽に多くを負っている。彼らはいまだに五線譜を使ってオーケストラやピアノための「作品」を書き、コンサートホールで上演する。彼らの作品で頻出する絶叫や痙攣《けいれん》や苦悩や瞑想のポーズなども、ロマン派から受け継がれたステレオタイプな身振りだ。その新奇な音響や作曲家自身による難解な解説はともかく、記譜法やそこからおのずと規定されてくる音システム、あるいは美学や制度の点では、現代音楽は意外にもかなり保守的だとすらいえるかもしれない。同様にポピュラー音楽の多くもまた、見かけほど現代的ではないと私には思える。アドルノはポピュラー音楽を皮肉を込めて「常緑樹《エヴァーグリーン》」と呼んだが（常に新しく見えるが、常に同じものだという意味だろう）、実際それは今なお「ドミソ」といった伝統的な和声で伴奏され、ドレミの音階で作られた旋律を、心を込めてエスプレシーヴォで歌い、人々の感動を消費し尽くそうとしている。ポピュラー音楽こそ、「感動させる音楽」としてのロマン派の、二〇世紀以後における忠実な継承者である。

　だが実のところ、かつての「神の顕現する場としての音楽」の残滓ともいうべき「感動」を探し求めているのは、ポピュラー音楽だけではあるまい。現代社会において音楽が、ジャンルを問わず経済原理に呑み込まれ、消耗品となりつつあることは確かだ。クラシック音楽であれ現代音楽であれ、あるいは「世界音楽《ワールド・ミュージック》」と呼ばれる各地の民族音楽であれ、この事情に大差はない。よくポピュラー音楽がその元凶のようにいわれるが、第五章で示唆したように、そもそも音楽の商品化は一九世紀西洋ではじまったとすらいえるだろう。それでも今なお音楽は、単なる使い捨て娯楽商品になりきってはいない。諸芸術の中で音楽だけがもつ一種宗教的なオーラは、いまだに消滅してはいない。カラオケに酔い、メロドラマ映画の主題歌に涙し、人気ピアニストが弾くショパンに夢見心地で浸り、あるいは少ししか聴衆のいない会場で現代音楽の不協和音に粛々と耳を傾ける時、人々は心のどこかで「聖なるもの」の降臨を待ち望んでいはしないだろうか？　宗教を喪失した社会が生み出す感動中毒。神なき時代の宗教的カタルシスの代用品としての音楽の洪水。ここには現代人が抱えるさまざまな精神的危機の兆候が見え隠れしていると、私には思える。

あとがき

今から一〇年以上も前になるだろうか。日本美術（仏教美術史）を専門とする尊敬する友人から、「対象が何であれ『通史』というのは、四〇歳になる前か、六〇歳になった後でしか書けませんからね」と何気なくいわれたことがある。一人の人間が歴史のすべてのエポックに等しく通じるなどということは土台無理である以上、通史は「怖いもの知らず」のうちか、「怖いものなし」になってからでしか書けないということであろう。実際、当時の私は「西洋音楽の通史を一人で書く」などという大それたことを、夢想だにしなかった。だが今にして思えば、この友人の言葉がきっかけになって、自分でもほとんど意識しないほどにかすかに、「できるものならいつか西洋音楽史を一人で書いてみたい」という願望を抱くようになりはじめた気がする。

今の私は四五歳。「怖いもの知らず」ではもはやなく、「怖いものなし」の境地にはまだ程遠い。ちょっとした知識であっても全能感の陶酔を得ることができる若い頃とは逆に、学べば学ぶほど「自分がいかにわずかのことしか知らないか、自分がいかに無知か」ということを思い知らされるようになる、そんな年齢である。自分の知識の穴も隙も偏りも、はっきり見えている。「通史を一人の人間が書く」ということの怖さは、分かりすぎるくらい分かっているつもりだ。にもかかわらず、さまざまな批判を覚悟のうえで、あえて私が音楽史を一人で書いてみようと思い立った背景には、昨今の音楽史研究――理系文系を問わず昨今の学問はおしなべてそうなのだろうが――における専門分野の加速度的な細分化に対する強い苛《いら》立《だ》ちがあった。

近年の「西洋音楽史」と銘打った類の本の多くは、和書であれ洋書であれ、ほとんど例外なく複数の著者による分担執筆である。しかもページ数はどんどん分厚くなる一方で、一〇巻くらいから成る叢書の類も珍しくない。なかには『バロック時代　上下』といった具合に、一つの時代だけで二巻に分かれていたりするものすらあるくらいだ。もちろんこれらは、専門家に対して多くの正しい最新の専門知識を万遍なく与えてくれはするだろう。だが古典派音楽だけで三〇〇ページにも及ぶような本を読んで、果たして門外漢が「音楽史」を理解できるのだろうか。その流れの全貌を把握できるだろうか。そして何より、門外漢に理解できないような「歴史」に、いったい何ほどの意味があるのだろうか。たとえば音楽学校でピアノを学んでいて、バッハより以前の音楽に少し興味をもちはじめた学生。歴史的なことに興味がある一般的なクラシック音楽ファン。美術鑑賞が好きで、その関連で音楽史も少し知りたいと思っている人。そんな人たちが手軽に音楽史の流れを理解できるような本は、いまどき皆無だといっても過言ではない。

この本の執筆に際して私が何より心がけたのは、「まえがき」でも書いたように、一般読者が音楽史の大きな流れを理解できるような本にするということだった。具体的にはまずコンパクトであること。「あれもこれも」と情報を詰め込みすぎないこと。そして「私」という語り手の存在《プレゼンス》を中途半端に隠そうとしないこと。語り手の主観を隠蔽し、それでもって擬似実証科学的な客観を装う――これこそ私が最もやりたくなかったことである。「○○○年に誰々が何々をどこそこで作曲した」。これは正しい事実であるかもしれないが、意味をもった歴史記述ではまだない。それは正しいけれども、まだ無意味《ナンセンス》なのだ。「事実」に「意味」を与えるのは、結局のところ「私」の主観以外ではありえない。言い尽くされたことではあるが、「歴史を語る」とは常に私と歴史との対話である。

ドイツの著名な音楽史家ハンス＝ハインリッヒ・エッゲブレヒトがいっているように、「唯一つの客観的な歴史（ザ・ヒストリー）」は存在しない。「歴史」とは常に「私から見た歴史」であり、「数ある可能な歴史のうちの一つ（ア・ヒストリー）」以外ではありえない。最新情報満載ではあるものの、流れや文脈が皆目理解できないような、あまりにも専門的に特化した音楽史書の類。そこでは歴史はもはや歴史ではなく、単なる情報の寄せ集めへと退行してしまっているといえば、あまりに大げさだろうか。もちろん「『歴史』は終わり、かつて『歴史』という形をとっていた知は、今や『情報』に取って代わられたのだ」というポストモダン的反論もあるだろう。だが私自身は「歴史的教養」の喪失は人文科学の自殺行為に他ならないと考えている。浅学非才《せんがくひさい》を承知のうえで、あえて私が「音楽史を一人で書く」というドン・キホーテ的蛮勇を奮う決意をするに至った最大の理由は、このあたりにある。

＊　＊　＊

前任校の神戸大学で私は、九年間にわたり西洋音楽史の授業を担当していた。四月の中世音楽で始まり、翌年一月の二〇世紀音楽で一サイクルを終える。このペースは、特に最初の数年間、とてもきつかった。自分の専門に近い話をすればいい特殊講義などと違い、この授業をこなすためには、自分自身が多くのことをゼロから勉強しなくてはならなかった。だがそのおかげで私は、自分の本来の専門ではない中世からバロックまでの音楽について、随分多くのCDを聴き、大量の楽譜や文献を読むことができた。今でも神戸大時代のあの講義のことを懐かしく思い出す。あの授業がなかったら、そして何より、あの授業に来てくれた学生たちがいなかったなら、私の音楽史知識は専門の一九世紀に一方的に偏ったまま、中世のことなど何も知らず、今に至っていたことだろう。

現在の職場に移ってからは、もはや私は通史の授業を担当していない。いわば自分の専門だけに没頭してよい「自由」を得たわけだ。だがそうなったらなったで、「このままでは音楽史の全体像に対する自分の関心がいつの間にか失せていくのではないか」という不安のようなものが、徐々に頭をもたげてきた。「一般教養」という「一般読者」との接点を喪失した、単なる「専門家」になってしまう不安といえばいいだろうか。あの通史の講義の感覚がまだ残っているうちに、何とか自分の考えを一度整理しておきたい――この気持ちもまた、本書執筆の大きな原動力になったように思う。

中公新書編集部の松室徹さんにこの企画について話したのは、確か今年の二月末頃だった。神戸大時代なら例年、次の四月からの西洋音楽史の授業のための用意を始めていた時期である。今にして思えば、現在の職場に移って以来二年間ご無沙汰していた西洋音楽史の通史的な勉強を、今度は講義ではなく、執筆という形で再開してみたくなったのかもしれない。ただしその時の私は、例の「通史が書けるのは、四〇歳になる前か、六〇歳になってからだ」という思い込みが強かったこともあり、この計画を本気ですぐ実行に移す気などなかった。「いつか自分の手で西洋音楽史の新書が書ければいいんですがね……」などと、単なる雑談のつもりで口にしただけだった。ところが松室さんのリアクションは予想もしなかったくらい積極的で、別れ際にはすでに「夏休みあたりからぼちぼち書きはじめる」という口約束ができてしまっていた。そして何度か連絡をとりあっているうちに、いつの間にかこの約束は「三月に少し書いてみる」に変わっていた。実際、執筆は思いもしなかったくらいスムーズに進み、今年の四月から六月にかけては休日がほとんどないうえに、月に三回くらい東京出張が入る猛烈な忙しさだったにもかかわらず、七月初めにはもうロマン派の章を終えていた。しかも——これまたいつの間にそんなことになったのかよく覚えていないのだが——この頃には脱稿期日は八月初めに設定されていた。最初は「夏休みから書きはじめる」だったのが、最後には「夏休みに入った頃に書き終える」になっていたわけだ。

松室さんと一緒に仕事をするのは『オペラの運命』に続いて二回目だが、心から敬服している編集者との仕事ほど楽しいものはない。もちろん原稿について松室さんからさりげなくも正確きわまりない批判をされると（自分でも少し自信がなくて、「ここは何かいわれるかな……？」と思っていた箇所は、ほぼ確実に指摘を受けるのだ）、途端に顔は青ざめ目の前が真っ暗になってしまうのだが、それでも何とか気を取り直してリライトしてみると、確実に初稿より出来がよくなっているのが自分でもはっきり分かる。執筆者にとってこれにまさる励みはない。「相棒」が松室さんでなければ、この本をこれだけ短期間で、これだけ高いテンションを維持しながら書き終えることなど、ありえなかっただろう。実際、これを書いていた四ヵ月半の間、あまりに執筆が楽しかったので、最後の章を書き終えた時は少し寂しくなってしまったほどである。「また一緒に仕事をしましょう!」——これこそ今の私が考えつくことのできる、松室さんに対する最大の謝辞である。

二〇〇五年九月五日　京都北山にて

岡田暁生

文献ガイド

総記

西洋音楽史の捉え方そのものについて根本的な視点を提供してくれる文献としては、一九二〇年代ドイツを代表する批評家だったパウル・ベッカー『西洋音楽史』（河上徹太郎訳、河出文庫、二〇一一年）、西洋古典音楽の碩学であると同時に民族音楽学者でもあったヴァルター・ヴィオラ『世界音楽史　四つの時代』（柿木吾郎訳、音楽之友社、一九七〇年）、西洋音楽が世界中に伝播し、現地の音楽と融合して多様なポピュラー音楽を作り出して行った様子をダイナミックに描くブルーノ・ネトル『世界音楽の時代』（細川周平訳、勁草書房、一九八九年）、「西洋芸術音楽の黄昏」ということを強く意識して書かれたニコラウス・アーノンクール『古楽とは何か　言語としての音楽』（樋口隆一・許光俊訳、音楽之友社、一九九七年）などが刺激的である。またHans Heinrich Eggebrecht, *Musik des Abendlandes*, München : Piper 1996は、「『芸術音楽』とは何だったのか」という強い問題意識に貫かれた稀有の音楽史書である。

第一章および第二章

中世音楽については金澤正剛『中世音楽の精神史　グレゴリオ聖歌からルネサンス音楽へ』（講談社選書メチエ、一九九八年）が格好の手引きになる。また中世音楽の美学を論じた Reinhold Hammerstein, *Die Musik des Engels,* Bern 1990 を読むと、中世における「音楽」がわれわれの考える「音楽」といかに違うものだったかがよく分かるはず。中世からルネサンスまでを扱った大著 Heinrich Besseler, *Die Musik des Mittelalters und der Renaissance,* Potsdam : Athenaion 1931 は、資料的にはすでにかなり古くなっているが、これほど読んでエキサイティングな中世／ルネサンス音楽史はいまだにない。同じ著者による *Aufsätze zur Musikästhetik und Musikgeschichte,* Leipzig : Reclam 1978 には、中世からバッハに至る素晴らしい論文の数々がおさめられているが、これらはいずれもきわめてアクチュアルな問題意識に貫かれていて、「西洋音楽における近代と前近代」の差異を鮮やかに浮き上がらせてくれる。

第三章

バロック時代の王宮における音楽のありようについて参考になるのは、**総記**でも紹介したアーノンクールの『古楽とは何か』のほか、クリストファ・ホグウッド『宮廷の音楽』（吉田泰輔訳、音楽之友社、一九八九年）やフーベルト・オルトケンパー『心ならずも天使にされ　カストラートの世界』（荒川宗晴ほか訳、国文社、一九九七年）だろう。また音楽書ではないが、リヒャルト・アレヴィン『大世界劇場』（円子修平訳、法政大学出版局、一九八五年）やヴォルフ・フォン・ニーベルシュッツ『バロックとロココ』（竹内章訳、法政大学出版局、一九八七年）は、絶対王政時代の宮廷文化についての素晴らしい論考である。対するにバッハを中心とするプロテスタント圏ドイツの音楽文化については、礒山雅『バッハ　魂のエヴァンゲリスト』（東京書籍、一九八五年）や鈴木雅明『バッハからの贈りもの』（春秋社、二〇〇二年）などが参考になろう。

第四章

右でも触れたアーノンクールの『古楽とは何か』には、古典派音楽についても多くの刺激的な論考が収められている。伊東信宏『ハイドンのエステルハージ・ソナタを読む』（春秋社、二〇〇三年）を読めば、宮廷おかかえの「使用人」だった音楽家が次第に自立に目覚めていくプロセスが分かるはず。モーツァルトの音楽の演劇的性格についてはトラシュブロス・ゲオルギアーデス『音楽と言語』（木村敏訳、講談社学術文庫、一九九四年）が有名。かなり難解な書物だが一読の価値がある。またモーツァルトの音楽がもつ頽廃すれすれの洗練と官能については、ジャン・スタロバンスキー『フランス革命と芸術　一七八九年　理性の標章』（井上堯裕訳、法政大学出版局、一九八九年）が鮮やかにその時代背景を示してくれる。ベートーヴェンについては、ポジションの取り方は対照的ながら、ヴィルヘルム・フルトヴェングラー『音と言葉』（芦津丈夫訳、白水社、一九七八年）とテオドール・W・アドルノ『ベートーヴェン　音楽の哲学』（大久保健治訳、作品社、一九九七年）を挙げておきたい。

第五章および第六章

一九世紀音楽史の総記としては Georg Knepler, *Musikgeschichte des 19. Jahrhunderts* Bd. 1/2, Berlin : Henschel 1961 が断然すぐれている。一九世紀前半のパリの音楽生活については、何よりハインリヒ・ハイネ『ルテーチア　フランスの政治、芸術および国民生活についての報告』（木庭宏責任編集、松籟社、一九九九年）を薦める。七月王政時代のパリの世相についてのハイネの痛烈な毒舌の冴えは抱腹絶倒。ヴィルトゥオーソの流行や音楽（ピアノ）教育熱については、グレーテ・ヴェーマイヤー『カルル・チェルニー　ピアノに囚われた音楽家』（岡美知子訳、音楽之友社、一九八六年）と西原稔『ピアノの誕生　楽器の向こうに「近代」が見える』（講談社選書メチエ、一九九五年）が参考になる。グランド・オペラについてはPatrick Barbier, *À l'Opéra au temps de Rossini et de Balzac*, Paris : Hachette 1987およ
び拙著『オペラの運命　十九世紀を魅了した「一夜の夢」』（中公新書、二〇〇一年）を参照されたい。ドイツの絶対音楽文化については、文体がかなり硬いが、カール・ダールハウス『絶対音楽の理念』（杉橋陽一訳、シンフォニア、一九八六年）が古典的な文献。一九世紀後半から二〇世紀初頭にかけてのフランス音楽については、浅井香織『音楽の〈現代〉が始まったとき　第二帝政下の音楽家たち』（中公新書、一九八九年）およびMichel Faure, *Musique et société du second empire aux années vingt*, Paris: Flammarion 1985を、ドイツ圏の世紀転換期の音楽については拙著『〈バラの騎士〉の夢　リヒャルト・シュトラウスとオペラの変容』（春秋社、一九九七年）を参考にされたい。

第七章

二〇世紀音楽の諸相については、毀誉《きよ》褒貶《ほうへん》はあっても、今なおアドルノの著作が出発点であり続けていると思う。とりわけ『新音楽の哲学』（渡辺健訳、音楽之友社、一九七三年）、『不協和音　管理社会における音楽』（三光長治・高辻知義訳、平凡社ライブラリー、一九九八

年)、『音楽社会学序説』(高辻知義・渡辺健訳、平凡社ライブラリー、一九九九年)、『アドルノ音楽メディア論集』(渡辺裕編、平凡社、二〇〇二年)の四冊は必読だろう。

岡田暁生（おかだ・あけお）

1960年（昭和35年），京都市に生まれる．大阪大学大学院博士課程単位取得退学．大阪大学文学部助手，神戸大学発達科学部助教授を経て，現在，京都大学人文科学研究所教授．文学博士．

著書『〈バラの騎士〉の夢』（春秋社，のちに『オペラの終焉』と改題して，ちくま学芸文庫）
『オペラの運命』（中公新書・サントリー学芸賞）
『ピアノを弾く身体』（監修・共著・春秋社）
『恋愛哲学者モーツァルト』（新潮選書）
『CD&DVD51で語る西洋音楽史』（新書館）
『ピアニストになりたい！』（春秋社）
『音楽の聴き方』（中公新書・吉田秀和賞）
『「クラシック音楽」はいつ終わったのか？』（人文書院）
『楽都ウィーンの光と陰』（小学館）
『すごいジャズには理由がある』（P.ストレンジとの共著・アルテスパブリッシング）
『現代の起点 第一次世界大戦』（共編・岩波書店）
訳書『シャンドール ピアノ教本』（監訳・春秋社）

西洋音楽史《せいようおんがくし》
中公新書 *1816*

2005年10月25日初版
2015年 6 月20日21版

著　者　岡田暁生
発行者　大橋善光

本文印刷　三晃印刷
カバー印刷　大熊整美堂
製　　本　小泉製本

発行所　中央公論新社
〒100-8152
東京都千代田区大手町 1-7-1
電話　販売 03-5299-1730
　　　編集 03-5299-1830
URL http://www.chuko.co.jp/

Published by CHUOKORON-SHINSHA, INC.
Printed in Japan　ISBN4-12-101816-8 C1273

中公新書刊行のことば

いまからちょうど五世紀まえ、グーテンベルクが近代印刷術を発明したとき、書物の大量生産は潜在的可能性を獲得し、いまからちょうど一世紀まえ、世界のおもな文明国で義務教育制度が採用されたとき、書物の大量需要の潜在性が形成された。この二つの潜在性がはげしく現実化したのが現代である。

いまや、書物によって視野を拡大し、変りゆく世界に豊かに対応しようとする強い要求を私たちは抑えることができない。この要求にこたえる義務を、今日の書物は背負っている。だが、その義務は、たんに専門的知識の通俗化をはかることによって果たされるものでもなく、通俗的好奇心にうったえて、いたずらに発行部数の巨大さを誇ることによって果たされるものでもない。現代を真摯に生きようとする読者に、真に知るに価いする知識だけを選びだして提供すること、これが中公新書の最大の目標である。

私たちは、知識として錯覚しているものによってしばしば動かされ、裏切られる。私たちは、作為によってあたえられた知識のうえに生きることがあまりに多く、ゆるぎない事実を通して思索することがあまりにすくない。中公新書が、その一貫した特色として自らに課すものは、この事実のみの持つ無条件の説得力を発揮させることである。現代にあらたな意味を投げかけるべく待機している過去の歴史的事実もまた、中公新書によって数多く発掘されるであろう。

中公新書は、現代を自らの眼で見つめようとする、逞しい知的な読者の活力となることを欲している。

一九六二年一一月

芸術

k1